Research on Regional Energy Cooperation in Northeast Asia from the Perspective of Networking

网络化视角下的东北亚区域能源合作研究

曹　原／著

中国财经出版传媒集团
中国财政经济出版社

图书在版编目（CIP）数据

网络化视角下的东北亚区域能源合作研究／曹原著
. --北京：中国财政经济出版社，2023.5
ISBN 978-7-5223-1941-4

Ⅰ.①网… Ⅱ.①曹… Ⅲ.①东北亚经济圈－能源经济－经济合作－研究 Ⅳ.①F431.062

中国国家版本馆CIP数据核字（2023）第027594号

责任编辑：张怡然　高　青　　责任印制：张　健
封面设计：卜建辰　　责任校对：徐艳丽

网络化视角下的东北亚区域能源合作研究
WANGLUOHUA SHIJIAO XIA DE DONGBEIYA QUYU NENGYUAN HEZUO YANJIU

中国财政经济出版社 出版
URL：http：//www.cfeph.cn
E-mail：cfeph@cfeph.cn

社址：北京市海淀区阜成路甲28号　邮政编码：100142
营销中心电话：010-88191522
天猫网店：中国财政经济出版社旗舰店
网址：https：//zgczjjcbs.tmall.com
北京富生印刷厂印刷　各地新华书店经销
成品尺寸：170mm×240mm　16开　11.75印张　188 000字
2023年5月第1版　2023年5月北京第1次印刷
定价：46.00元
ISBN 978-7-5223-1941-4
（图书出现印装问题，本社负责调换，电话：010-88190548）
本社质量投诉电话：010-88190744
打击盗版举报热线：010-88191661　QQ：2242791300

本研究受国家自然科学基金“演化博弈视角下北极地区权力格局与地缘经济关系的协同演化研究”（项目号：42201243）和教育部人文社会科学研究青年项目“基于地缘关系与权力结构解析的东北亚地缘政治格局演变及驱动机制研究”（项目号：18YJCZH005）资助。

目录

第一章　绪　　论

第一节　研究背景

一、能源的多重属性及其影响

能源，作为人们生活和经济与社会发展的重要公用性资源，一直是我国国民经济和地方经济社会发展的基本物质保证。多家国际组织的调研报告表明，尽管目前世界风电、太阳能等可再生资源的发展已经十分迅速，但在可预期的未来，化石燃料市场依然是能源消费的主导[1]。就全球一次燃料消费占比分析，目前原油、煤、天然气仍在一次能源消费占比中占据世界前三位。其中，原油市场在经过了从1999年到2014年持续的下滑以后，在2015年和2016年的全球市场份额中连续增长两年，并且成为当年能源消费中的最大增量来源；其次是天然气；煤炭的市场份额下降至28.1%。

油气资源是世界经济发展的主要依赖性资源，它们的稀缺性和重要性使之成为炙手可热的战略物资[2]，“石油—美元”体系更是赋予了油气资源政治属性和金融属性，使其成为大国博弈的政策工具和武器。其中，国家属性体现在国家对石油产出、交易和市场的控制；金融属性体现了金融市场投机导致全球石油价格急剧变化，金融市场对全球石油价格的作用甚至超越了供求关系的影响，使全球石油价格脱离了供求关系决定的主线，以至于可以反过来影响原油供给。在全球范围内分布的巨大差异和地理分割性，决定了能源的地缘属性，主要表现在：一方面，通过供需格局变化对市场产生影响；另一方面，通过对运输通道的控制引起各国（尤其是大国）能源冲突。

二、国际能源格局的重塑

伴随经济全球化进程的加速发展，生产与消费、供给与需求的空间错位，加剧了错综复杂的能源格局演变。开始于20世纪70年代的两次石油危机，在带给西方主要国家以经济重创的同时，也给其敲响了警钟[3]。自此，保障能源，尤其是油气资源的供应安全，成为关乎国家经济发展和国防安全的重大战略。国际油气资源的分布、生产、消费、贸易以及运输格局的变化都会进一步加剧能源资源的争夺态势。

近年来，全球主导性油气生产与消费中心均发生板块性转移。2008年金融危机以及接踵而至的欧债危机的出现，对整个欧洲地区国家的国民经济构成了巨大冲击，而欧洲各国不合理的经济结构以及相对较高的能源对外依赖性更是雪上加霜，为欧洲之后的能源格局演变埋下了伏笔。2009年，随着非常规能源发展技术的重大突破[4]，美国“能源独立”成为可能，对中东产油国的常规油气供应和垄断地位发起了挑战。另外，俄罗斯因其国内的北极探测区域、巴列热诺“致密油”等资源以及液化天然气工程，重回全球能源强国的位置。北欧国家因石油产出的持续增加，也使得中东地区在全球能源版图上的战略地位有所降低，世界油气的生产中心从中东地区向西转移。在能源消费需求格局方面，以我国和印度等“金砖国家”为代表的新型发展中国家由于工业发展、城市化进程的加快，能源需求量增多，成为促进全球能源消费需求增加的主要新动能；相比之下，美国、欧洲传统发达国家由于宏观发展受阻、环境负面影响，原油居民消费比重日渐下降，使得原油城市居民消费中心由传统的西欧发达国家转移至中、印等发展中大国。石油资源产出和消费格局的改变，也引起了世界国际贸易与航运布局的重大改变，太平洋和西太平洋航线在世界石油资源航运中的战略地位逐步提升，尤其是西印度洋航线、马六甲航线和我国南海地区逐渐成为热点区域[5]。

三、“一带一路”倡议促进中国对外能源合作

2015年3月，中国国家发展改革委、外交部、商务部共同印发了《推动

共建丝绸之路经济带和21世纪海上丝绸之路的愿景与行动》。毫无疑问，加强国际能源合作是“一带一路”倡议的重要基石与保障，同时也是我国在经济社会新常态下谋求发展的必然需要，因此必须深入推动我国国际能源合作（见表1－1）。

表1－1 “一带一路”倡议中的能源合作

• 加强能源基础设施互联互通合作，共同维护输油、输气管道等运输通道安全，推进跨境电力与输电通道建设，积极开展区域电网升级改造合作。
• 加大煤炭、油气、金属矿产等传统能源资源勘探开发合作，积极推动水电、核电、风电、太阳能等清洁、可再生能源合作，推进能源资源就地、就近加工转化合作，形成能源资源合作上下游一体化产业链。加强能源资源深加工技术、装备与工程服务合作。
• 推动新兴产业合作，按照优势互补、互利共赢的原则，促进沿线国家加强在新一代信息技术、生物、新能源、新材料等新兴产业领域的深入合作，推动建立创业投资合作机制。

资料来源：《推动共建丝绸之路经济带和21世纪海上丝绸之路的愿景与行动》。

（一）“一带一路”倡议的提出正处于世界油气供需体系调整期与世界能源治理变革期

“一带一路”倡议的提出正处于世界油气供需格局调整的重要时期。随着美国政府提出“页岩气革命”和“资源自由”，以及美国政府逐渐转变为重要原油出口商，而伊拉克强势重回全球原油舞台，世界的原油供给呈现出中东、欧亚、非洲、美国多极共存的格局。同时，中、印等新兴经济体对石油能源的需求量也随着油气发电供求现状而改变。按照《BP2035全球能源预测》的预期，到2035年，全球能源消费需求将增长41%，而其中的95%以上都来源于迅速发展的新兴经济体。

“一带一路”倡议的提出处于世界能源治理变革期。世界能源结构已呈现碎片化，缺少具备普遍意义和权威性的世界能源管理机制。目前，世界的能源管理机构各自为战，不相容，各显不足，对世界当前能源局势的需求无法适应，也无法协调新旧时代能源供应与消费之间的利益矛盾，加之目前世界资源价格机制主要掌控在西方国家的能源现货交易所以及全球资源服务公司手里，而世界主要石油进口国并没有掌握一定的话语权，也没有对世界经济的直接影响力，所以这就成为建成世界资源的安全稳定高效供给体系的一个障碍[6]。事实上，在一个相互依赖的世界中，一个更加连贯、透明和有代表性的全球能源治理体制是实现能源安全、经济增长和可持续发展的关键。

（二）我国能够依托“一带一路”倡议深化国际能源合作

首先，“一带一路”倡议有助于实现我国能源供需来源和进口途径的多元化，从而形成我国能源供应的多元稳定体系。随着我国在能源领域的对外依赖程度的不断提高，我国的能源安全体系越发依赖国际能源市场。从能源供给来源方面来看，“一带一路”倡议所涵盖的范围，囊括了中东、非洲、欧亚、俄罗斯等原油资源较为丰富的地区和国家，依托丝绸之路经济带中的“中蒙俄经济走廊”“中国—中亚—西亚经济廊道”“中巴经济走廊”的构建，我国将逐步增加从俄罗斯、中亚五国、非洲等新兴供给国家和地区的原油进口。在能源供应渠道方面，“一带一路”倡议及“中国—中亚—西亚经济走廊”的建立，将逐步增加中国石油陆上管线运送的比例，并逐步转变以往途经马六甲海峡的十分单一的海上运输格局。

其次，“一带一路”倡议可以促进中国能源行业的更多变化，进而提升中国在世界能源行业内的市场话语权与国际竞争力。众所周知，由于长期以来世界能源体制的主导话语权一直掌握在西方国家手中，中国即使已经是当前全球最主要的能源消耗者和净进口国，但是在全球能源格局中仍然是作为世界能源管理体制的主要观察者和参与者，更多的时候是被动地受到它的影响。“一带一路”倡议将促进中国与沿线各国的经济交流，一方面与沿线主要石油消费国形成合作关系，以共同应对全球能源价格的变动；另一方面与沿线重要能源消费国形成多边合作关系，参与全球能源法律的制定，从而取得与当前地位相符的话语权与全球竞争力。

最后，“一带一路”倡议有利于促进中国海外能源交易投资便利化，开辟中国石油公司多样化的投资途径。在国际贸易领域，“一带一路”倡议将贸易畅通作为重点内容，分层次加快推进自贸区建设，以境外经济贸易合作区为试点，“以点带面”形成了面向世界的高水平新型能源与国际自由贸易区网络系统。这一机制将有助于中国实现石油知识产权化，增强中国对石油产品市场的吸引力。在外商投资领域，中国要转变“重贸易、轻投资”的传统模式，通过设立国外石油企业合作中心，加大海外石油产品的全价值链投入，推动我国跨国石油公司进行国际化运作，进而完善原油经营活动，实现双边共赢。在金融业方面，“一带一路”倡议把资金融通能力作为主要保障，开启了一系列多边的全球资金合作管理机制，包括欧盟基建投融资企业、金砖国家新开发银行等，中国能源企业还参与了全球电力合作，为提升国际化水平提供了更多便利。

第二节 研究意义

能源是人们实现生产活动的主要物质，能源安全是一项重大的科学议题，就经济社会发展水平和国民经济增长效率而言，能源问题长期以来成为有关领域探讨的焦点，能源需要的合理满足是必不可少的。东北亚地区资源禀赋情况不同，既有资源生产和输出强国——俄罗斯，又有资源消费和进口强国——中国、日本和韩国，是世界经济增长最为迅速，同时也是资源能源需求增长最快的地区之一。

东北亚区域性的地理环境得天独厚，各方政府为顺应经济发展全球化和地域开发全球化的大发展趋势，都进行了积极参与本领域经济发展的实际考虑和策略抉择，同时也为实现多边贸易合作发展策略整体升级的宏大理想，而制定了相应的策略措施。天时、地利、人和，是经济发展领域联合的有利前提条件；实际情况和共同要求经济社会增长的强烈愿望也是联合的重要基础。不过，东北亚地域环境保护联合也受控于该领域复杂的政治、文化、社会、军事安全和国际要求等各种原因而存在着种种的艰辛波折，这也从一个侧面体现了东北亚地区经济整体协调进程的迫切性与重要性。东北亚地区资源交流起步于20世纪90年代，依托地理位置相近，以及在资源供给、科技和人才等领域互补性好的资源优势，已经在资源交易和融资、石油输送管网共建、双边对话与交流平台建立和能源技术协作方面取得了一些进展。

近年来，全球能源格局出现了一系列巨大变化，为东北亚能源交流提供了新的契机：一是北美地区天然气需求的提高，提升中国进一步加强同东北亚各国能源合作的决心；二是全球油价低迷也为东北亚能源储备建立和协作提供了契机；三是东北亚能源的多样化也有助于东北亚能源市场的建立和协作；四是页岩天然气项目的合作为东北亚能源贸易添加了新内涵。此外，由我国发起的

“一带一路”倡议也为发展东北亚能源市场增添了新动力。本书选取东北亚这一能源生产大国和消费大国聚集的典型区域，从网络化合作的视角对该地区的能源合作问题进行分析，期望能够丰富现有的国际能源合作研究的方法体系与研究内容。

第三节　研究内容

本书将东北亚五国即中国、俄罗斯、日本、韩国和蒙古国作为研究对象①。以传统能源和新能源作为研究对象，运用文献分析法和社会网络分析法，对东北亚地区能源的网络化合作现状、趋势及未来前景进行分析。具体研究内容在各章节的分布如下。

第二章对国际能源合作的经典理论以及东北亚区域能源合作的相关研究进行了综述。其中，关于全球能源关系的经典研究主要包含了全球能源合作动因论、能源利益共同体关系论、空间相互作用理论和能量地缘关系论。至于对东北亚地区能源关系的研究，则重点对东北亚能源贸易问题、东北亚能源贸易路径、东北亚能源贸易政策、世界能源局势调控下的东北亚能源关系以及东北亚能源合作中的俄罗斯变量这几个方面的现有研究成果进行了整理归纳。

第三章阐述了东北亚的区域概况。在本章中，在明确东北亚地理范围的前提下，对东北亚各国的能源概况进行研究，包括东北亚各国传统能源的储量概况和消费量概况，以及东北亚各国新能源的概况。在此基础上，对东北亚区域经济发展及合作情况进行分析，包括对各个国家经济发展脉络的梳理以及对东北亚经济合作的条件、现状、合作中存在的阻力以及合作新趋势的分析。

第四章重点定性分析了东北亚能源合作的概况。按照先国家后区域、先总体后具体的思路，首先分别对中国—俄罗斯、中国—日本、中国—韩国、中国—蒙古国、日本—俄罗斯、韩国—俄罗斯、俄罗斯—蒙古国的传统能源合作以及朝鲜对外能源合作进行了分析，在此基础上，对目前东北亚地区正在进行

① 朝鲜也属于东北亚这个地理区域，但由于朝鲜数据难以获取，所以在本书的绝大部分内容中都将朝鲜排除。

中的传统能源领域的主要项目进行了梳理。其次，从电网系统互联、核电合作、水电合作、清洁能源与可再生能源技术合作等方面对东北亚新能源和清洁能源的合作进行了分析，同样在此基础上，对正在开展的清洁能源领域的主要合作项目进行了梳理。

第五章利用社会网络分析法这一计量方法定量化地分析了东北亚能源合作网络的结构特征与演进趋势。在本章中，首先对社会网络分析法的起源与应用进行了说明。在现有的研究基础上，构建包括程度中心性、密度等指标的评价体系，利用这一评价体系分别对东北亚传统能源领域的石油贸易网络、天然气贸易网络和煤炭贸易网络的结构特征和演进趋势进行解析。随后，对东北亚新能源网络构建的现状，从构建的总体思路和现有基地的布局与联通方面进行了分析，并提出了以电网互联为主体的新能源合作网络的构想与展望。

最后一章即第六章在前面分析的基础上，进一步探讨了东北亚能源合作网络的高级别形式，即东北亚能源利益共同体的构建。具体来说，分别从构建的有利条件、制约因素、必要性以及所产生的区域效应上进行了全面的分析。

第二章　相关理论及研究进展

第一节　国际能源合作经典理论

一、国际能源合作动因理论

大国的利益冲突与关系，历来是国际问题研究理论界的基本课题之一。新现实主义与新自由主义者均指出，国际关系在某种程度上属于无政府地位，即各国之间关系的共同利益（或者说相互依赖）是国际合作的前提，但在合作的条件及合作的可能性方面，双方存在分歧[7]。能源自带的政治属性决定了能源合作也是国际合作理论所涉及的重要领域。

（一）新现实主义学派“共同利益—国际结构—能源合作”的理论范式

从（经典）现实主义代表人物汉斯·摩根索的《国家间政治：为权力与和平的斗争》到新（结构）现实主义代表人物肯尼思·华尔兹的《国际政治理论》，新现实主义学派均把国际利益冲突作为大国之间关系的基础事实，并指出国际利益的冲突从根本上是无法改变的，而国际合作又是有限的、软弱的和不安全的[7]。因此，在无政府的状态下，每个国家都以安全为最高目标，并理性地追求权力的最大化，认为即使今天是合作伙伴，未来也有可能成为敌人或对手，即存在“背离”的潜在风险。显然，按照这种以国际战争问题为基础的思考方式，把任何国际事务主体都视为本国的主要对手或是潜在敌人，唯有自己进占卡地，控制战略要地，自身的安全和利益才能得到保证。但这些保证往往都是很短暂的。如果想要取得更为长远的安全方面的利益，就必须对潜在的敌人加以有效的控制，以保护本国的绝对优势。正如肯尼思·华尔兹所说的：“在国家面临共同获益的合作的风险的时候，处在经济不稳定中的国家也需要思考收益该怎样划分，这就使得他们考虑的问题不是合作的获益是否大于不合作的获益（即“绝对获益”），而是关注合作获益的分配问题（即“相对获益”）。”这种对于“背离”和“相对获益”的关注，是国际合作的两个主要阻力[7]。

以石油国际政治为例，丰富的能源本身就是一种资源型权力，使得资源型国家在国际能源体系中具有一定的话语权。一旦石油生产国开始合作并协调政策的时候，石油就成为产油国的政治武器，向消费国施加压力，这就是1973年石油危机爆发的原因。生产国自身对可靠能源市场、合适的价格以及“石油—美元”投资回报等方面的共同利益的存在，也一定程度上推动了生产国之间的能源合作。

（二）新自由主义学派“相互依赖—国际机制—能源合作”的理论范式

新自由主义虽然一直认为冲突是国际关系非政府化的一种必然结果，但与现实主义学派不同的是，新自由主义认为冲突是可以抑制的[7]，且国家追求绝对获益而非相对获益，这是由国家间的相互依存的客观环境所决定的[8]。因此，国家之间可以依托相互依赖的关系以及共同建立的国际制度的制约来强化彼此的合作。

相互依赖的概念由美国经济学家理查德·库伯在1968年出版的《相互依存经济学——大西洋社会的经济政策》一书中率先提出，他指明了20世纪60年代工业化国家（主要是发达国家，后来又包括了发展中国家）的相互影响、相互制约的关系。而后卡尔·多伊奇在《国际关系分析》中将相互依赖理论引申到国际政治领域中，并提出了奠定主流建构主义理论基础的“多元安全共同体”。20世纪70年代末，美国新自由主义的重要代表学者罗伯特·基欧汉和约瑟夫·奈在其作品《权力与相互依赖》一书中，主张用“脆弱性”和“敏感性”这两个概念来描述国家间的互相依赖性的程度和水平，并使用“国家间复合相互依赖”来划分世界各国权利与目标导向之间的相互关联程度，提出均等依赖、绝对依赖和非对称依赖的概念。复合相互依赖不注重大国之间的实力的对比，而是注重大国之间的多渠道、全方位的联系，恰恰是国家间的这些复杂的联系，使得背离的成本提升，合作成为主流选择。相互依赖理论是学术界理解第一次石油危机、研究全球能源安全的主要理论工具，给全球各国进行国际能源协作带来很大的影响。

后来基欧汉在其《霸权之后——世界政治经济中的合作与纷争》一书中，

提出了一种以制度或者国际机制为基础的国际合作观。他指出，相互依赖的国家创造或接受原则、规范、规则和决策程序（也就是国际机制）。国际机制在解决“背离”和“相对获益”两个障碍领域的功能主要表现为：一是实现共享预期，使得“背离”这种行为所付出的代价提高；二是建立信息交换平台，能够大大降低协作的贸易生产成本，这样就有利于对“背离”行为起到监督和限制的作用；三是实现互惠制度化，使得“背离”的惩罚更清晰、简单[7]。由此可以看出，在复杂的相互依赖的前提下，国际机制提高了“背离”的代价，一定程度上能够推动能源合作的实现。

（三）小结

新现实主义和新自由主义对国际体系的无政府状态和国际合作的前提，即共同利益（或相互依赖）的认知是基本一致的，双方的分歧主要在于两者对国家追求的利益认定不同，即国家到底是追求相对获益还是绝对获益。新现实主义更关注本国的相对实力，即在国家权力格局中的“位置”；新自由制度主义则认为，日益加深的相互依赖推动了国家间的互动，也提升了“背离”的代价，国际能源机制和国际能源机构的存在，恰恰能帮助国家克服无政府状态所导致的国家之间的不确定性，从而推动能源合作。

二、能源利益共同体的相关理论

（一）建构主义的认同——安全共同体

如果新现实主义所关注的权力、军事、治安要素在“二战”战后初期的国际关系分析中仍然占有主导地位的话，那么，新自由主义所倡导的经济、利益、政治制度等社会因素就在石油危机之后的近80年间成为学术界所关注的焦点，而冷战时期的和平式结局也给了更注重文化、认同与制度因素的新建构主义学者以重新进行国际关系分析的巨大舞台。

1. 基本理论脉络

总体而言，社会建构主义（constructivism）主要分为一种方法、两个阶段、三次论战、四大流派以及五块内容。

（1）一种方法。总的来说，建构主义是一种社会理论，遵循的是社会主义方法论。主要重视各国社会化过程及其对个体的社会构成性作用，重视国际政治的社会性特征以及社会本体属性，尤其重视各国身份、价值观与社会经验这种社会性的载体、手段或产品对于国际关系的根本含义，指出国际规则不但因果性地限制着行为主体的外在活动，还构成性地改变着行为主体的自身利益和身份，而反过来，各国结构与国际标准又随着行为主体的社会现实而不断发生着变化。

（2）两个阶段。总结来看，包括了20世纪80年代的“解构”（deconstruction）阶段和20世纪90年代的“结构”（construction）发展阶段。

随着20世纪80年代以来全球经济多极化的深入推进，跨国主义也越来越受到人们的重视。伴随各种反实证主义和人文主义思潮的出现，以肯尼思·沃尔兹为代表的新现实主义遭到激烈批判。其中理查德·阿什利在《全球组织》期刊上发表的《新现实主义的贫困》很有意义，他批判了新现实主义的国家主义、结构主义、功能主义和实证主义特征。直到20世纪80年代末期，新现实主义的基本概念，包括无政府国度、主权、体制、能力、利益、安全等，都已被一一解构，被赋予了全新的内涵。

20世纪90年代，尼古拉斯·奥那夫和亚历山大·温特等国际研究者尝试着在解构既有的国际关系学说的同时，吸收包含新现实主义和新自由主义理论在内的不同学说的优点，并着力于开展对国际关系的社会运动原理的分析与实验研究。由此，建构主义本身也步入“建构”的时期。

（3）三次论战（见表2-1）。

表2-1　建构主义经历的三次论战

时间	与之论战的理论	争论的分歧之处
20世纪80年代	新现实主义	新现实主义研究要不要发展过程分析，要不要发展中心主义，要不要实证主义，发展功能主义有几大问题，等等
20世纪80年代后期—90年代中期	新自由主义	新自由主义制度究竟是构成性的，还是管制性的；是只能够给行动主体施以外在约束，还是能够深入行动主体的社会认同和利益中，以及这种影响究竟是因果性的，还非因果性的；等等
20世纪90年代中后期	建构主义内部	是否应与主流理论进行方法论和认识论的妥协

资料来源：根据《建构主义与国际政治》（郭树勇著，上海人民出版社2020年版，后同）一书整理而来。

（4）四大流派。建构主义大体上可分成以下派别，但由于主流建构主义的社会批判理论和主流国际关系发展学说在某种程度上的理论兼容，因此愈发得到国际关系学界的关注（见表2－2）。

表2－2　建构主义的四大流派

流派类型	代表人物	主要观点
激进建构主义	理查德·阿什利	坚持建构主义原有的批判功能和激进立场
主流建构主义	亚历山大·温特	赞成与主流理论进行方法论和认识论的妥协
现代性建构主义	约翰·拉格	在具体理论范畴，如国际权力、国际制度化、国际合法性、时间性和空间性等国际政治学研究意义方面有所建树
女权主义建构主义	—	国际政治实质在较大层面上是由高度性别化的男性政策、国际社会立场与关系所构筑而成的

资料来源：根据《建构主义与国际政治》一书整理而来。

（5）五块内容（主流建构主义）。建构主义强调国际社会行为体和国际体系之间的互动建构身份和认同，突出观念和规范在塑造国际社会行为体行为方面的作用（见表2－3）。

表2－3　主流建构主义的五大理论

理论名称	主要观点
建构主义纯粹理论	本体论、认识论（强调社会事项的主体间性）、方法论
国家利益理论	国家利益并不是由权利定义的，而是由认同或身份定义的
国际体系理论	国际体系既是物质结构，也是文化结构（更具有决定性）
国际体系转换理论	研究各国体制转变的可能性与可行性，尤其是几个大国在安全层面如何建立集体认同
国际和平理论	最好的和平来自各主体间的互信和集体认同，即和平存在于“多元安全共同体”

资料来源：根据《建构主义与国际政治》一书整理而来。

2. 认同

作为建构主义核心内容的认同理论，其本质可概括为：认同建构身份，身份界定利益，利益决定行为[9]。认同，最初源于社会心理学，特指某社会行为主体的自身同一性与个性，是个体在对他人的社会认知上的一个自我表征，而这个自我表征的内涵要与其他社会行为主体对该行为主体的再表象达到一致统一（social theory of international politics）；主要分为实体认同（corporate identity）、类型认同（type identity）、角色认同（role identity）和集体认同（collective identity）（见表 2 – 4）。

表 2 – 4　　认同的分类及特征

认同分类	特征	举例
实体认同	与国家作为社会实体所具有的特性有关	中国是一个国家
类型认同	与国家的政策机制、经济体系等特性有关	中国是一个社会主义国家
角色认同	一个国家与其他国家关系的属性，是社会互动和观念判断的结果	“敌人”“对手”“朋友”等角色定位
集体认同	是观念认同的产物，指两个或者多个国家之间形成认同感	东盟、北约等国家联盟

资料来源：根据《建构主义与国际政治》和《国际关系理论》（王帆、曲博主编，世界知识出版社 2013 年版）两本书中有关建构主义的章节内容整理而来。

3. 国际安全共同体

“共同体”研究最早可追溯到 20 世纪 50 年代的理查德 · 凡 · 瓦根，在此基础上，一体化理论家卡尔 · 多伊奇提出“多元安全共同体”的一系列概念、命题与假定。由于 20 世纪 50 年代仍是强权政治理论在国际关系理论界占据主导地位的时代，该研究处于理论界边缘，直至 20 世纪 80 年代，伴随经济全球化的深入发展、国际制度的网络化，特别是冷战和平式结束，国际关系学者逐渐意识到仅从权力、制度等外部制约的视角研究国际关系和国际体系已经不足以说明问题，观念和认同的变化也对国际体系的变革产生影响，“共同体”研究才逐渐得到重视。多伊奇的学生，同时也是主流建构主义的另一个典型代表伊曼努尔 · 奥德勒与迈克尔 · 巴纳特长期合作，对“社区”“全球安全共同体”和“多元化健康社区”等观念再次作出了定义，并提出“安全共同体”形成的一系列梯级假定。

“国际共同体”的形成机制是什么？我们不妨参考伊曼努尔 · 奥德莱的三阶梯假说（见图 2 – 1）：第一个阶梯，指突发性因素的基础性效应，这些促发因素是经济共同体建立的起始阶段的启动因素，彼此相互影响、相互促进。总体而言，国际经贸关系、科技进步等是推动全球共同体建立或转型的基础力量，而各国之间的交往实践、共识实现的重要程度、社会价值观理性的不同，以及不同的社会、政治、经济、文化、环境等因素影响，则决定国际体系中何时、何地、由哪些国家成立共同体。第二阶梯，国际结构和进程因素。第一梯级中的经济、技术、观念、外来威胁等因素在一定情况下能够促进国际社会结构的形成和国际社会进程的发展，而国家结构和进程又进一步成为促进共同体形成或转化的第二梯级因素。由于国际体系本身就是一个“中心—边缘”体系，即权力因素在国际体系中占据重要地位。不可避免地，在经济共同体的建立进程中，国力较强的大国往往因自身显著的政治进步、经济发展、科技优势而创造了某种特殊吸引力，对世界其他大国形成了示范效应和引领效应。国际机制将采取适当的制度限制共同体成员国的言行自由，引导国家在国际社会学习中逐步形成新的国家认同，并形成新的社会互惠预期，从而强化成员国的相互信任和集体认同，即第三阶梯。互信，指一国在弄不清他国意图的情况下，仍坚信他方遵循现有的共同规范。互信是集体认同和共同体形成的重要基础。

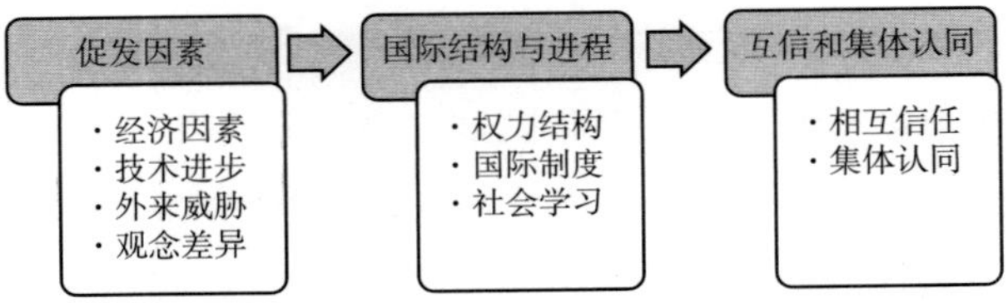

图 2－1　国际安全共同体的形成机制——三阶梯假说

综上，建构主义不否认现实主义中权力因素在共同体形成中的重要作用，但更多从文化、认同、国际规范、社会学习以及社会实践等社会性因素出发，探讨国际共同体的形成机制，这在一定程度上没有给予经济因素以足够的重视，且没有具体阐述如何建立相互信任。归根结底，国家的中心收益是国家经济社会发展，而全球经济社会的大部分竞争也是为了市场经济竞争，而其他方面则都是为此服务的，归根结底是区域经济一体化发展到一定水平的产物，共赢和共识才是国际共同体尤其是利益共同体形成的基本条件[10]。

（二）国家间信任机制

新现实主义认为，权力是大国追求的重要价值，基于信赖的全球能源交易的可能性较低；新自由主义相信国际关系能够高效地建立信赖，进而降低大国之间的交易成本，推动全球能源合作；建构主义则相信大国交往中的伙伴身份能够带来信赖，进而在基础上形成安全共同体。但主流理论并没有给出信任的产生机制（或生成路径）是怎样的。

目前，有关信任的产生路径，主要分为博弈论、合法化机制和网络分析三个研究思路。博弈论，主要从理性选择视角解析信用关系对社会成本支出的改变，从而影响国际合作的形成与维持，其缺陷在于往往注重两两之间的博弈行为和过程，而无法解释在多种行为体相互作用时如何实现国际能源合作，且往往过分注重个人理性判断，而忽略了社会心理因素的影响。合法化机制一方面从强势制度主义出发解析国家体制架构对信用关系的约束，另一方面又从弱势制度意义上解析社会信赖与规范、身份的相互关联，并由此认为，国家选择信用关系除利益动因以外，尚有对被社会普遍接受的合法性的要求，缺陷在于人们很难理解清楚社会利益驱动和个人身份转变之间的相互关联。网络分析方法则着眼于社会联系是怎样孕育社会信用关系的，并将国家行为主体放在“关系网络”中，分析了行动者间的合作关系。显而易见，这是一个研究国际关系以及信任合作的崭新的视角。

为此，本书拟结合社会网络分析法，试图改变以往的“中心—边缘”的结构视角，从“节点—网络”的关系视角探讨各能源行为主体在能源网络中所处的“位置”及不司行为主体间关系的稳定性（或称传递性、流动性）。

三、空间相互作用理论

空间相互作用是指地域内部所产生的产品、人口与劳务、资本、产品、信息等的交互传递活动，是各个地理区位内部的彼此关联、互动。这个概念，最初是由美国地理学家乌尔曼在 1956 年提出的。互补性、中介机会和可运输性是相互作用产生的三个基本条件。

从供求角度来说，只有在某个地方供应一种东西，而另一地方恰好需要该种东西，两地之间才可能出现作用，这样由于符合供求双方的需求而使得两地方之间形成运输作用的情况叫作优势互补。媒介机遇也是影响市场的互动局面的要素，在某种意义上而言，只要正确抓住媒介机遇，就能够推动一个国家甚至一个区域公共资源的配置，促进市场经济蓬勃发展。可运输性是空间相互作用形成的第三个必要条件。假设两地的交通间隔比较长，且交通费用都达到了可以承受的水平，则就算在两地中间有了互补性，作用也没有形成。

四、能源地缘关系理论

（一）理论的提出及作用机制

能源和政治的关系很早就引起了政治学家以及国际问题研究者的注意，但能源地缘政治学的系统研究却始于20世纪70年代石油危机之后[11]。“能源地缘政治学”这一概念最早由美国学者梅尔文·柯南特在其《能源地缘政治学》一书中提出，他认为“获取原材料特别是获取资金是国际政治问题的当务之急。这种能力已不再受到传统的殖民关系的保护，而是取决于这些国家根据地理因素和各国政府在不同政治条件下所采取的相应措施。资源大国将一定程度上控制资源消费型国家，从而对国际关系产生深刻影响”。

可以看出，能源供应国拥有稀缺的油气资源本身就足以对国际能源体系产生影响，再加上能源地理分布的不均衡性，就进一步赋予了能源供应国“资源型权力”，从而把能源供应的市场力量转化为国家现实权力（见图2－2）。因此，能源的地缘政治也可以界定为大国和国家集体为了保护能源安全，利用其权力来进行对全球能源系统的影响与管理，从而影响全球格局[12]。与能源政治相比，能源地缘政治更关注地理因素对能源的分布、生产、运输、消费、分配的影响所引起的国际关系行为体之间的互动[11]。

（二）主要研究内容的发展

能源地缘政治学是将能源因素与地缘政治争夺紧密联系在一起的研究[13]，就像传统的地缘政治理论，诸如“海权论”“陆权论”“空权论”等，在不同历史阶段有不同的侧重点一样，能源地缘政治学的研究重点也在与时俱进。

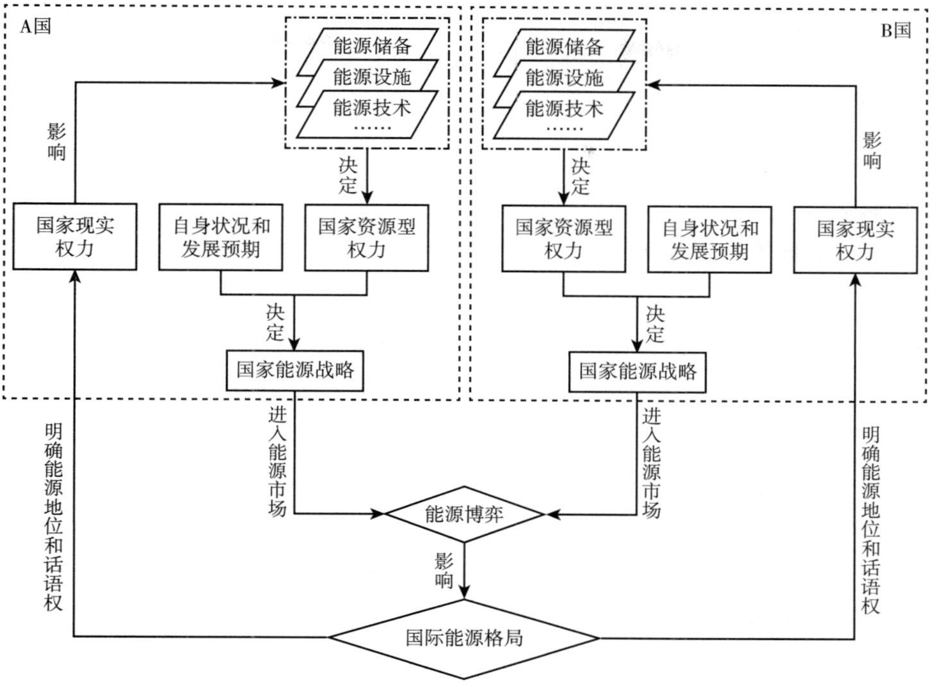

图 2－2　能源地缘政治的作用机制——国家资源型权力与国家现实权力的相互转化及相互作用

20 世纪 70 年代两次石油危机的爆发，引起全球性经济的剧烈波动。此后，能源尤其是石油资源的稀缺性和重要性开始受到国际学者和政客们的普遍重视，将石油作为国际关系的一个重要斗争工具，正如政治现实主义大师汉斯·摩根索所言："原油作为一个无法取代的重要原料的存在，直接导致了世界主要政治势力的相对权力的变化。"各国对能源市场份额的争夺陷入白热化。资源输出国更加偏向于利用资源作为战略武器谋求自身政治、经济和安全收益；能源进口国则围绕油田份额和运输通道的控制权展开了激烈争夺。能源安全是进口国与出口国双方利益相互作用的产物，但二者的本国能源安全目标却有所不同：输入国期望获取足够的能源供应以保证本国的经济发展，而输出国则期望谋求贸易与资本上的安全。这一时期，全球学者关注的焦点是能源进口国的能源安全，即能源供应安全[14][15][16][17][18]。国际能源署（IEA）将能源供应安全定义为能够以合理的价格获得一定的能源供应。很多学者尝试提出能源供应安全的定量测度指标体系[19][20]，主要分为物质层面和经济层面的依赖度和脆弱性分析：物质层面主要测度能源进口的相对水平和能源短缺以及供应中断的潜在风险；经济层面主要测度能源进口的成本和价格波动的潜在风险[17]。这一阶段的能源博弈多为零和博弈，能源进口国的能源战略目标多为尽可能实现能源供应来源和供应途径的多元化。

随着全球统一与国际化进程的加快，统一的能源市场体系日益完善，世界各国已经不再以孤立的经济行为个体出现，而是为了成为全球能源市场的主要参与者而存在，因此世界各国相互的交往也日益增加[21]，贸易、生产、金融的跨国化和国家行为的国际化也进一步推动了国际体系的新进程[22]。再加上对全球气候变化的日益关注，能源安全的概念在之前的基础上不断泛化，所涉及的内容除了地质因素（比如资源禀赋和能源技术及原料的可获得性）、经济因素（比如资源的生产、贸易、价格稳定性以及可支付性）外，还包括社会政治因素（比如政府管理能力、恢复力以及应对气候变化的能力）以及环境因素（比如对土地、空气和水造成的影响）[23]，有学者据此提出了详细的测度指标体系[18]。国际体系中各国在能源安全和气候变化上的相互依赖程度不断增加，能源战略也由早先的零和博弈转为求同存异的合作共赢。

技术的进步在改变能源消费结构的同时，也改变了世界油气供需格局。新兴发展中大国的能源需求及能源政策成为新的关注点[16][24][25][26][27][28][29][30][31][32][33][34][35]。能源治理体系、规范和话语权也愈发成为争议热点。能源合作的行为体由原来的单一的国家层面，向上游的全球层面（国际能源组织等）和下游的公司层面（跨国公司等）扩展。

（三）小结

从上述可以发现，与传统地缘政治理论纯粹对抗观点不同的是，能源的稀缺性在加剧各国对抗的同时，也使得各国不得不共同面对未来可能因能源耗尽而引发的危机，因此这种对抗中孕育一种国际合作的可能[11]。

能源地缘政治的主要手段包括五个方面：对能源供应的控制、对能源需求的管理、对资源运输线的控制、国际能源机制的制定和参与、对国际能源市场的影响[12]。其研究重点随着地缘政治格局和国际能源格局的变化不断发展。由于能源而引起的地缘政治经济力量的变化、新的影响因素的产生对能源权力布局及分配的影响，以及从系统层次的全球能源角度来审视能源地缘政治的性质及其本质，是能源地缘政治研究的前沿方向[36]。

五、理论述评

综上，可以看出能源地缘政治学以及国际关系学的经典理论，为我们分析能源利益共同体的形成机制提供了很好的理论支撑。概括来讲，能源地缘政治学的作用机制有助于本书理解能源大国在“一带一路”能源格局中的重要影响力；国际合作动因理论的两大范式，恰恰反映了能源利益共同体的两个重要内容：“经济利益”和“安全利益”所关注的焦点问题。新现实主义学派所关注的“相对获益”，恰恰是“安全利益”的根本所在，即能源利益共同体的成员国间的利益分配问题，直接影响不同成员国间的实力对比，如若分配明显失衡，将导致能源利益共同体无法持续，“相对获益”较少的成员国可能会选择退出。相较之下，新自由主义学派所关注的“绝对获益”，恰恰是“经济利益”的根本所在，即成员国间因能源共同利益体的构建，所得的收益高于成员国不参与能源合作时的基本收益，这时候从经济角度考虑，成员国会考虑继续维持在能源利益共同体中的参与。这两者也为本书后续进行能源利益共同体的稳定性评估提供了重要依据。建构主义的安全共同体和国家间信任机制为本书对能源利益共同体的形成机制和网络分析方法的引入提供了指导。空间相互作用理论，则有助于本书从空间视角分析生产国、运输国和消费国的相互作用的关系。

第二节　东北亚区域能源合作研究

关于东北亚能源合作的研究开始于20世纪90年代[37]，但是最初数量很少，从2004年才开始逐渐增多。总体而言，目前对东北亚能源合作的研究重点聚焦在传统能源应用领域，如原油、燃气以及在煤矿应用领域的国际合作上。研究内容主要涉及能源合作现状、合作路径、合作机制、全球能源格局调整下的东北亚能源合作以及合作中的俄罗斯变量这几个方面。本书即从这五个方面对东北亚区域能源合作的研究现状进行综述。

一、东北亚能源合作现状的相关研究

针对与东北亚地区各国的能源合作的问题，中外专家们就合作的必要性和可行性、存在困难、合作的具体内容及其面临的问题等方面进行了相关研究。

（一）东北亚能源合作的必要性和可行性

东北亚各方专家与学者，均曾对东北亚地区的能源形势作出过研究与判断，并从各自国家的利益角度阐述了加强东北亚地区能源协作的重要性。俄罗斯学者 BG Saneev（2004）指出，俄罗斯为了大国共同利益，必须强化与中、日、韩等东北亚大国间的能源合作。中国以东、西西伯利亚和远东地区为首的东部区域能源发展潜力很大，是实现中国和其他东北亚国家共同利益的关键所在。韩国科学家 Chang Duck joon（2004）充分阐述了加强东北亚能源协作对韩国起到的关键性作用。日本科学家伊藤庄一（2004）则指出，针对有限能源市场的竞争，东北亚各国必须抛弃社会主义现实主义学派的零和观念，联合起来维护能源供应安全，并共同平抑“亚洲溢价”。我国学者朱显平和李天籽、徐向梅等也都阐述了东北亚能源合作的重要性，并总体分析：第一，东北亚地区多边能源协议将有助于维护各区域成员国的能源安全。而东北亚能源合作将促进中国的资源贸易安全，并能促进中日韩的能源供应安全。第二，防止社会竞争，提高资源定价权。中日韩只有进行经济联合，防止社会竞争，共同保持市场稳定性，才能提高资源定价权，从而消除“亚洲溢价”。其三，东北亚区域能源合作还可以促进东北亚一些区域的联合发展。即用资源这一具体领域的多边机制与协作为切入点，以推动东北亚多边安全体制建立、东北亚区域经济社会协同发展、东北亚地区一体化发展。

有不少专家就东北亚能源合作的有利条件与可能性开展了有关研讨，结论如下：其一，东北亚各国的资源优势互补。朱显平、李天籽等认为，俄罗斯石油资源充足，须扩大出口市场，但中日韩等国也存在着大量的能源需求；除此之外，由于俄罗斯缺乏发展能源产业的资本，也需要中日韩等国的大量资金投入。B Gavin 和 S Lee 指出，中日韩三国的原油进口均高度依赖中东地区，都担心影响未来的能源供给安全，但俄罗斯东、西西伯利亚和远东地区丰富的石油储量给中日韩提供了明显的替代方案；同时，俄罗斯也具备了扩大对东北亚地区能源出口市场的愿望[38]。其二，由于东北亚各国地理位置相似，使得东北亚能源合作发展潜力很大。其三，地区经济一体化的发展趋势为东北亚能源合作发展提供了良好环境。20 世纪 90 年代以来，地区经济一体化势头日渐增强，客观上需要东北亚各方进一步加强区域合作，这给东北亚能源合作创造了良好的大环境[39]。

不过，也有专家指出，未来的东北亚能源贸易前景不大。比如，俄罗斯学者 Sergei M. Nikonorov 和 Youngmin Yoon 在对中国、日本、韩国的石油供应量做了比较研究后指出，中国石油生产量的增加空间很大，而中日韩石油供应量上升空间很大，而且与东北亚地区的石油合作也几乎没有增长余地，因此还需要进一步加强可再生能源方面的合作[40]。

（二）东北亚能源合作的障碍

长期以来，东北亚资源的交流进度一直都非常迟缓，为此，以往学术界就东北亚资源交流的障碍问题展开了大量的研讨，总体来说，可概括为以下几个观点：第一，由于中日韩能源供给构成基本相同，双方尽管在资源的进口价格上主要目标相同并且存在着合作空间，但客观上来说在能源进口方面却主要是竞争性关系，也正因如此，中日韩为保证资源的有效供给所进行的激烈争夺，就形成了中国妨碍东北亚地区资源交流的最主要原因[41]。徐向梅同时也表明，目前东北亚各国在能源合作上仍然深受中国传统的“零和游戏”价值观的影响，东北亚各国内部的相互依存观念仍然不足，并最终造成了中日韩等能源进口大国内部的巨大社会竞争[42]。第二，受历史原因影响，东北亚各方之间既存在对历史认识的分歧，同时也遭受社会制度与意识形态差异、地域归属问题、海洋划界情况、朝核问题等国际政治影响的干涉。第三，国家的主导权之争和对域外势力的掣肘，也成为影响东北亚能源贸易的关键性问题[43]。第四，衣保中和王浩指出，东北亚能源合作进程之所以发展迟缓，一个很重要的因素就是缺乏长远计划，因为长期以来，东北亚各国之间一直未能找出一条既遵循长期发展原则，也可以循序渐进发展的合作路线[44]。

（三）东北亚能源合作的内容

国内外专家学者还对东北亚能源合作的基本内涵作出了总结与研讨。起初，关于东北亚地区能源合作最主要的了解限于中日韩和俄几国之间的能源交易，此外还有日韩与俄在能源方面的投资开发、加工、物流上的协作。比如，张瑞君和 J. P. 多利安就认为，协作的重点方面包括扩大能源交易、探索并开发新储量，使用最新的开发和加工技术设备，以及改变交通运输状况等[37]。

而随着科技的进展、全球资源的改变和对资源的内涵认识的逐渐提升，新能源和清洁资源合作、环保协作等内涵越来越得到关注，能源领域的合作也多次被提出。伊藤庄一认为，期待在东北亚形成共同油气的制度，同时还期待增强中日在光电化学性技术转让、防治污染等领域的协作。另外，学者认为，东北亚地区石油协作应该在一些关键阶段进行，如拓展东北亚范围内的资源交易，建设油气紧急储存系统，修建天然气管线，加强节能环保的协作、维护航运安全的协作、资源信息网络的协作，增进各地的战略磋商并进行联合工作，发展各地石油公司间的协作等。有专家认为，东北亚能源协作的重点问题是构建地区能源协调体系；尽快推动东北亚共同资源交易市场建立，提升东北亚各国资源的共同议价力的程度，以减少“亚洲溢价”问题；联合发展传统资源和非传统能源开发，实现共担风险和利益共享；推动东北亚地区能源协调、地区能源治理结构改善的协作等[45]。与此同时，也应当形成以中日韩为核心的东北亚资源交易市场，通过“团购”中东原油来抵消“亚洲溢价”，构建情报和数据分析共享、响应管理机制，构建东北亚“原油仓储系统”与投融资系统。

由此可见，以往学界对于东北亚多边能源协议的内涵早已展开了广泛、深刻的研究，并由此提出了不少有用的意见，甚至部分专家学者阐述了其提出的合理性。不过，这些意见大多相对零星，还缺乏全面，更为重要的是，以往学界对于上述意见的具体意义、具体内容以及实现过程等问题并未作出比较详尽而深刻的论述与探讨[46]。

（四）东北亚能源合作的问题

尽管东北亚能源贸易有了一些发展，但依然面临不少困难，特别是没有很好地适应全球能源格局调整的新形势。第一，合作模式目前还是主要停留在原油贸易这种比较低级的贸易模式上。包括区域石油共同市场、油气共同战略储备以及全球能源开发金融资本集团的贸易模式都还没有发展。东北亚地区大国还没有多边能源合作实践，对自身能源安全方面的共同利益认识还不清楚，对国际能源合作模式的认识也还不深刻[42]。第二，目前，东北亚地区能源合作还没有建立有效的多边体系。第三，目前东北亚地区的能源合作大多集中在日韩和中国的双边合作中，多边能源合作内容相对较浅，尤其是中日韩之间的合作很少[47]。第四，东北亚很多资源贸易协定没有按时落实，或者一些协定已经被搁浅。第五，亚洲原油进口国家即中日韩间缺乏有效协调。

由此可见，以往对于东北亚地区能源协作的探讨面临一个重要的困难，那便是尽管对东北亚能源协作提出了扩大石油交易和投入、强化油气储存协作的观念，但没有对这些观念的内容加以论述，也没有就怎样推动这种协作加以探讨。

二、东北亚能源合作路径研究

基于对东北亚能源合作的基础、现状以及存在的问题，已有研究对如何促进东北亚地区能源领域进一步合作的路径进行了探讨。总地来说，可总结为以下三个可能的合作途径。

第一，增加东北亚地区的能源贸易与投资协作。由于东北亚各方在能源领域方面首先进行的交流合作就是国际贸易和外商投资协作，而就目前情况来看，能源国际贸易和外商投资协作依然是东北亚能源领域方面最重要的经济贸易途径。所以，扩大东北亚地区的能源国际贸易和外商投资协作属于平台引导式的经济贸易，有效性很高。这个方向主要包括两个主要方面：一是扩大东北亚区域国内原油和天然气领域的国际贸易和外商投资协作；二是增加东北亚各国在中东、欧亚、非洲等区域内的能源国际贸易和外商投资协作。他们提出了具体的促进政策，如信贷换原油的长期贸易协议、共同建设的油气田、信贷交换原油和共同建设相结合、扩大石油炼化项目协作、扩大石油交通网络等基础设施建设的项目协作、建立政府的石油项目促进和保障协定等，以此来丰富东北亚地区能源投资合作的内容、扩大东北亚能源贸易合作的规模以及加强区域内国家间联系并共同对外投资等[48]。

第二，推进东北亚石油储备合作。油气储存可以有效地应对能源供应的紧缺、平抑油价震荡、维护能源安全和稳定经济社会发展。中国、日本和韩国都已建立起各自的石油储备体系，但到目前为止，东北亚国家间在石油储备上的合作还很少。中日韩之间利用不同途径和方式，对加强三国之间的石油储备合作作出尝试，虽然东北亚各国都有加强石油储备合作的意愿，至今并未有实质性进展。究其原因，中日韩三方在政治利益方面的不平衡影响了原油储量合作的发展，而日韩原油储量数量远超我国，导致日韩对我国开展原油储量合作的积极性不够；此外，中日韩三方在石油能源方面以争夺为主、缺少合作的沟通交流渠道等因素也共同影响了东北亚地区原油储量合作的发展。随着国际能源局势更加错综复杂，东北亚区域进行石油储备合作的必要性也逐渐显现。现有的研究成果指出，东北亚地区可通过原油储量资源交流、紧急原油储量分享、协调释放原油储量、形成共同原油储量等方式进行原油储量协调[49]。

第三，促进东北亚能源金融市场合作。目前，东北亚各国中的日本、中国和俄罗斯等都已构建起了水平不一的能源金融市场体系，但韩国等其余东北亚各国还没有构建起统一的能源金融市场。所以，目前东北亚地区还没有建立统一的能源市场，而且各国之间在国际能源互联网交易市场上的合作程度也比较低。中国国内学者刘瑞认为：“想要提高亚洲国家在能源市场定价上的全球影响力，未来亚洲地区各国需要加大油气金融市场协作，有必要建立一座共享的、具有全球影响力的贸易网络平台。”[50]而东北亚地区能源信用贸易合作平台的建立，可利用交叉持股、对外合作共建交易平台、与知识产权交易平台技术互联等具体渠道来进行，以此强化与东北亚能源及期货产品的开发合作，进而推动与东北亚能源市场的全面合作。

三、东北亚能源合作机制研究

已有研究对东北亚能源合作机制的探究主要集中在现有合作机制分析以及如何进一步通过机制的构建促进东北亚能源合作这两个方面。

首先，根据目前的机制分析，东北亚能源贸易关系已呈现“双边主导、区域迟滞、多边有限”的特征（见表2－5）。具体地说，在东北亚范围内的能源贸易多采用双边方式进行，能源合作实践中获得了双边制度的有效保障。中俄韩能源合作和自然资源协调理事会、中俄日“2+2”贸易机构，中俄副部长级能源合作磋商机构，中俄政府间能源合作协调理事会，中俄能源商务论坛等机构一系列双边能源合作机制主导着该区域能源合作机制的发展。其次，承载各自发展夙愿的区域间多边合作制度并不能获得区域内各国的集体配合，且遭到了政策主体国家的阻碍，从而导致合作议程制度化实施的步履维艰、进展迟滞、地方政府在沟通和协调方面的功能有限。另外，东北亚各国也在不同意义上加入了全球能源署、世界可再生能源署、全球能源研讨会、世界能源宪章等多边合作，极大地促进了世界范围内资源信息公开透明化、战略资源协调机制化和国际能源价格波动控制等问题[51]。

表 2-5　　东北亚现有能源合作机制列表

类型	国际制度	次级能源合作	机制生效时间	域内成员国	主要目标
双边机制	中俄政府间能源协作机制	中俄副总理级能源谈判机制、中俄政府间能源协作委员会、中俄能源商务论坛	1996 年	中国、俄罗斯	能源经贸合作
	俄韩政府间合作机制	俄韩能源与自然资源协调理事会	1992 年	俄罗斯、韩国	能源经贸合作
	俄日政府间合作机制	俄日“2+2”合作机制	2013 年	俄罗斯、日本	能源经贸合作
小多边机制	联合国亚太经社理事会	东北亚能源合作政府间协作机制	2005 年	蒙古国、朝鲜、韩国、俄罗斯、中国（观察员国）、日本（观察员国）	化石能源开发、石油储备评估、信息透明度、增进政府企业对话、推动能源贸易投资
	大图们倡议	能源委员会	2007 年	中国、蒙古国、韩国、俄罗斯	能源政策协调合作、能源投资促进、能源信息共享
	东北亚天然气与管道论坛	—	1997 年	中国、日本、韩国、俄罗斯、蒙古国	天然气贸易协调、区域天然气管道建设

续表

类型	国际制度	次级能源合作	机制生效时间	域内成员国	主要目标
多边机制	亚太经合组织	能源工作小组、亚太能源研究中心、能源部长级会议	1990 年	中国、日本、韩国、俄罗斯	化石能源应急储备、信息共享、能效增强与清洁能源技术推广
	东盟“10 +3”	能源高级官员会议能源政策治理小组、石油市场与天然气论坛、能源安全系统	2003 年	中国、日本、韩国	石油应急储备、区域能源合作
	东亚峰会	能源部长级会议、能源合作工作组、清洁能源论坛	2005 年	中国、日本、韩国、俄罗斯	区域能源合作、能效改善、生物质能发展
	上海合作组织	能源俱乐部	2013 年	中国、俄罗斯、蒙古国（观察员国）	化石能源合作
	全球能源互联网发展合作组织	（非政府间国际组织）	2016 年	中国、日本、韩国、俄罗斯、蒙古国	清洁能源技术推广、区域能源互联
	“一带一路”能源伙伴关系	能源部长级会议、“一带一路”能源合作伙伴关系论坛	2019 年	中国、蒙古国	推动能源互利合作

资料来源：综合有关信息汇总。

关于怎样通过新体制的建设推动东北亚能源合作，有学者认为中国应当加快东北亚多边能源合作体制的建设，理由在于东北亚具有很强的建立多边能源合作制度的特色。一方面，中国石油已具备了成为东北亚资源主要供给来源的重要能力；而另一方面，东北亚各国在资源方面也能够实现优势互补、实现合作共赢。而在建立东北亚多边资源贸易体系的方法与机制问题上，有研究人员认为，东北亚各方根据世界范围内的实际争端，争取通过“搁置争端、共同开发”的方式逐步加以解决。从多边能源合作机构建设方式来说，应该效仿、参考国际能源合作宪章机构，建立比较灵活多样的多边能源合作方式；从合作的范围来说，东北亚多边能源合作机构应该突破过去单纯的交易机制，由一般交易逐步地向技术协作和共同经营的方式拓展，并逐渐涵盖各个能源勘探、开发、生产和运输的环节和领域[43]。

四、全球能源格局调整下的东北亚能源合作研究

进入 21 世纪以来，包括能源总体供求形势、能源消费结构、能源生产消费区域格局在内的全球能源格局发生了很多重大调整。在未来一段时间内，这种调整还将进一步深入。全球能源格局的调整使得国际能源市场竞争日趋激烈。东北亚地区作为能源生产大国（俄罗斯）和能源消费大国（中国、日本、韩国）的汇聚地，应在充分应对全球能源格局调整的基础上，加强区域能源合作，以此应对全球能源格局调整给东北亚地区的能源生产和消费带来的冲击。

在已有的研究中，学者们从全球能源总体供求形势、能源消费结构、能源供需地区结构等方面对全球能源格局的调整过程进行了分析。世界能源的总体供需态势，既受到了能源供应能力变动的影响，又受到了能源需求能力增长的影响。在可预料的相当长一段时间里，哪怕仅仅依赖原油、天然气、煤等常规燃料，世界的能源储备水平相对于能源消费能力来说，也是有足够保障的。同时，由于核能、风电、微生物能、滩涂开发、地热发电、氢能等非常规能源开发使用规模的进一步扩大，全球能源供应保障得以进一步完善。在需求方面，由于欧美等先进国家的产业化进程均已完成，各种高耗能工业已发展为夕阳型工业并日益减少，产业内部结构软化问题日益加剧，节能技术设备的大量使用和能源的增加也进一步抑制了能源消费的进一步扩大，所以全球能源消费增速呈现出逐步放缓的趋势。在能源供需区域结构方面，当前世界上能源生产与消费的地区布局正进行着“油气生产中心西移和消费中心东倾”的过程，如北美洲作为世界上主要原油产出地的地位正在逐步提高，OECD 国家原油消费正在逐渐减少，而非 OECD 成员尤其是新兴经济体的国家原油消费正在急剧增多[52]。同时，随着美国页岩气的大规模商业开采，页岩天然气的其他主要蕴藏国家如中国、阿根廷、阿尔及利亚、澳大利亚等也将在未来逐步对页岩天然气进行开采，所以，天然气生产的全球布局将向更加分散化的方向发展。在消费结构方面，与世界上天然气消费区域构成的最明显不同是发达国家消费增长明显趋缓，但发展中国家的增长却明显超过了发达国家。

全球能源格局发生的深刻变化，给东北亚地区带来了新的机遇和挑战。调

查显示，近年来我国东北亚地区的石油贸易也获得了很大突破。比如，我国与俄罗斯东部地区西西伯利亚和远东原油管线的建设尤其是国内支线的打通，为俄方向包含我国在内的东北亚各国大量输出原油创造了重要的条件。从2009年至2015年，我国从俄方进口的原油从1530万吨增加到了4240万吨，约占我国进口原油的比例从7.51%增加到了12.63%；而日本则从我国进口的原油从560万吨增加到了1420万吨，约占其进口原油的比例也从3.13%增加到了8.46%。与此同时，俄对中日韩三国的燃气出口额也由52.9亿立方米增加至142亿立方米，占俄罗斯天然气出口量的份额从2.89%提高到6.84%[53]。而目前，中俄燃气运输通道东线工程已开始进入施工建设阶段，未来中俄之间乃至整个东北亚地区的燃气交易将取得史无前例的新增长。

与此同时，东北亚范围内各国之间的能源合作形式也已由原来的煤、原油、天然气产品的进出口交易等初级阶段逐步进展到了目前的包括核技术交易、风电和太阳能装置交易、新能源技术工程协作等多种形式的新能源领域协作的更高层次发展阶段。这种变化趋势也得益于东北亚各国在能源技术上的不断突破，使非传统能源的占比逐渐提高。其中，日本、朝鲜的核能占据一次能源消费的比例在2010年也达到了13%，而俄罗斯和我国的比例虽然稍低，但绝对值分别超过了38.5百亿和16.7百亿吨原油当量。日本还将太空太阳能发电计划纳入日本国家航天基本计划中。在海底可燃冰开采技术上，日本也已经取得了较大的突破，进一步完善海底可燃冰的商业化开采技术[54]。另外，近年来风电、潮汐发电、生物质能发电、生物质发电等方面的科技进展，也为全球能源合作以及东北亚地区在更为广阔的非传统再生能源区域的能源合作提供了契机。

因此，专家们认为，未来东北亚地区为应对世界能源局势变动的大背景，应该从如下层面加强地区之间的资源协调。第一，积极推进建设覆盖东北亚地区各国资源的地区能源协作机制，并将之作为进一步推进东北亚地区全面经济融合的重要内容；第二，加快推动东北亚地区的共同资源交易市场建立，以增强东北亚地区在全球资源贸易中的谈判力，并减少“亚洲溢价”问题；第三，联合发展地区传统资源和非传统能源的开发，以实现双方共担风险和利益共享；第四，积极推动建设东北亚地区的电力设备国际互联网络，协同构建覆盖全疆域的综合能源网；第五，共同推进世界能源管理制度变革，形成更加富有包容性的全球能源结构，以促进全球继续履行适应全球气候变化的《巴黎协定》[45]；第六，加强对非常规能源技术的开发，减少对常规能源的依赖程度，为化解传统能源领域的合作矛盾提供新的思路[55]。

五、东北亚能源合作中的俄罗斯变量研究

中国是全球石油强国、东北亚区域强国，石油是中国最关键的经济命脉。石油不仅是中国实现 GDP 持续增长的根本，也是中国提升外部环境、扩大竞争力的手段。在全球资源短缺的今天，中国加强了对资源政策调控的能力，同时，其能源政策和战略向背对东北亚能源合作影响深刻。就全世界范围来说，随着中东地区原油出口量不稳定，西方大国也开始寻找更为多样化的原油进口途径，进行了激烈的资源争夺，因此俄罗斯的石油资源日益受到了西方大国的重视，而西方大国对俄罗斯的能源竞争也日趋激烈。

当前，在确保国民经济稳步增长的情况下，打破资金障碍、完成企业多元化目标成为各国社会各界的共识。由于俄罗斯国家经济基础、人口结构和政治制度发展的提高，俄罗斯已经把经济战略重点调整至亚太地区尤其是远东地区，而西西伯利亚和远东地区又是当今世界上石油资源较为充足的区域之一，使俄罗斯这一区域的经济具有了迅速吸纳资金和大量商品流的能力。但也由于上述种种原因，导致了这一区域经济仍然存在着欠发达、商品资源主要面向国外市场、资金偏重原料型贸易的“传统经济”的特点。所以，远东地区成为推行俄罗斯“新经济”政策的理想之地。俄罗斯可以在远东地区通过扩大新增劳动力的项目，使其劳动力的规模能够增长，加快推进地方的基础设施发展以及经济社会建设的计划和方针。同时，与我国的战略石油合作也将随着“向东”而开展，为东北亚各方的战略石油交易合作提供了全新的契机[56]。《2020 年前俄罗斯能源战略》报告中还提出，俄罗斯在东北亚的重要贸易伙伴将包括中国、韩国和日本，他们将成为俄罗斯燃气、原油、水电、核技术以及核燃料等商品的重要消费者。俄罗斯可通过能源外交战略，一方面改善与东北亚国家的关系，另一方面能够利用修建油气管道的契机，深化在该地区的能源合作，助力俄罗斯国内经济。

根据东北亚范围内的各国现状分析，中日韩三国原油、天然气的能源需求

量很大，三国的共同任务就是进行资源供应上的多元化，从而对俄罗斯的资源进行更加猛烈的争夺。如日本对俄罗斯进行“金元外交”，对俄方提出极为优厚的贸易要求，从而使俄罗斯东部地区的输油管道“安纳线”按其意愿修建并把俄罗斯的能源输送到日本海沿岸。在美中日俄等国对天然气管线展开了多轮博弈阶段之后，“泰纳线”对中国经济较为有利，也因此得到了最后确定[57]。由此可见，在未来相当长的一段时间里，日俄间的能源关系面临着博弈，俄的能源态度不但将关系与日石油贸易的选择结果，还将进而改变东北亚地区的石油贸易形势。

从总体合作态势上而言，俄罗斯的能源政策已经涵盖了国际、双边、区域和企业合作等多种层面，而东北亚地区各国对俄罗斯能源政策的影响力也是十分明显的。因此对于东、西欧地区各国来说，俄罗斯的主要角色就是一位长期稳定而安全的能源供应者。同理，虽然俄罗斯也有望在东北亚地区复制中国同样的成功经验。就当前的发展态势而言，俄罗斯和中日韩三国之间的双边能源合作前景还是十分明朗的[58]。

第三章　东北亚地区概况

第一节　东北亚各国概况

一、东北亚地理范围界定

东北亚，作为一个地理概念，指亚洲的东北部地区，是亚洲、东亚所属的区域。而美国对外联系协会（Council on Foreign Relations）曾经给出这样的定义：东北亚区域包括日本、韩国半岛（韩国、朝鲜）；广义上也包括了中国的东北地区、内蒙古东四盟，蒙古国以及俄罗斯的远东区域和希伯尼安斯联盟。在自然地理的范畴内，没有“东北亚”这一概念，但从对“东亚”（通常包括日本、朝鲜半岛、中国和蒙古国）及“中亚”的分类中可发现，从区域经济的角度看，东北亚应包含日本、朝鲜、韩国、俄罗斯远东区域、中国和蒙古国以东区域。根据这些概念，从研究的内容考虑，本书选取的东北亚的范围即中国、俄罗斯、韩国、日本、蒙古国和朝鲜6个国家。

二、东北亚各国能源概况

（一）东北亚各国传统能源储量概况

1. 中国

我国的能源特别是煤炭资源相当丰富，而我国的主要能源结构特点为“富煤贫油”，对煤矿资源的依赖程度在全球能源消耗大国中位居首位。据报道，我国有1145亿吨的煤矿储备（在现有水平上可发展45年），有20亿吨原油

(根据2007年产量水平只能发展11年)、2.46兆亿千克的燃气(可提供27年)。

中国的可开发的水电资源是世界上最多的,为400吉瓦①(GW,即十亿瓦特),其中约1/3已经开发或利用。我国虽是世界上水电发电量最高的国家,但是我国的水力发电资源主要密集分布在西部地区,在实际使用中需要架设电缆,向东部的重点城市进行电力的输送。

2. 俄罗斯

尽管俄罗斯天然气储量全球第一、煤炭储量全球第二、石油储量全球第八,同时还有大量的水电站、高速增长的核电业务,却依然面临着巨大的能源安全问题。

俄罗斯大概25%的天然气和15%的原油都来源于俄罗斯东部的西伯利亚和远东地区,而这些地方的碳氢化合物来源总量等于1000亿—1400亿桶原油。俄罗斯远东区域有约4.1吨的天然气,其中在鄂霍次克海大陆架分布有1.65亿吨。这个区域的石油品质非常好。远东石油储量的68.2%的密度低于0.87克/立方米的密度,同时78%的硫含量则低于0.5%。远东地区的天然气资源据估算为约2万亿立方米,其中的鄂霍次克海大陆架地区就高达7300多亿立方米[59]。

如表3-1所显示,俄罗斯在远东、雅库特以及海洋陆架地区的油气资源都非常充足,不过受地理气候条件、俄罗斯的基础设施以及政府的能源开发政策等多种因素的影响,当前的开发量非常小,所以,未来与东北亚地区潜在的能源合作也将聚焦在这些地区。

表3-1　俄罗斯东西伯利亚和雅库特地区的油气资源(截至2010年)

地区	石油(百万吨)		
	存量	资源	现有产量
雅库特	309	2653	0.36
远东(含萨哈林岛)	44	141	1.5
海陆架(远东共和国地区)	310	5580	2.2
总量	663	8374	4.06

① 电量的单位换算关系为:1太瓦(TW)=1000吉瓦(GW),1吉瓦=1000兆瓦(MW),1兆瓦=1000千瓦(KW),1千瓦=1000瓦特(W)。

续表

地区	天然气（十亿立方米）		
	存量	资源	现有产量
雅库特	2280	12098	1.57
远东（含萨哈林岛）	68	246	1.4
海陆架（远东共和国地区）	1003	14123	—
总量	3351	26467	2.97

资料来源：Alexander N. GulkovBasic. Concepts of Cooperation in North – East Asia in the Oil and Gas Sector for the period 2010 – 2030 [J]. 2010：14.

当前，俄罗斯所生产的石油大多来源于西西伯利亚，尤其是在普里亚布斯克、普里拉兹罗姆诺耶、马蒙托夫斯科耶和苏尔古特油地群等。但近期，远东的萨哈林油田将对俄罗斯石油产出影响较大。从长远而言，尚未开采的东希伯尼安斯、里海和萨哈林的石油储量可能占有较关键地位。

俄罗斯在 1987 年达到石油生产顶峰（11.4 百万桶/天），由于受到苏联解体的影响，俄罗斯石油出产量在 1996 年降至 6 百万桶/天，此后俄罗斯慢慢走出苏联解体的影响，石油生产逐渐恢复。目前，俄罗斯是最重要的非 OPEC 石油产出国，2009 年俄罗斯以 9.9 百万桶/天的产量超过沙特阿拉伯，成为全球最大的原油生产国。

表 3 – 2、表 3 – 3 根据英国 BP 石油有限公司的 2020 年度公报数据编制，分别展示了东北亚地区的中日韩俄四国原油、天然气、煤等主要燃料储量与产量的情况。可以看到，俄罗斯的能源储量非常丰富，原油储量占全球原油储备量的 6.2%，煤炭储量占全球煤炭储备量的 15.1%，天然气产量占全球比例的 19.6%。而我国的煤炭资源储备也非常充足，产量占全球的 50% 以上。

表 3 – 2　　东北亚主要国家能源储量（2020 年底数据）

能源		中国	韩国	日本	俄罗斯
石油	储量（十亿桶）	26.0	—	—	107.8
	占世界比例（%）	1.5	—	—	6.2
	储产率（R/P）	18.2	—	—	27.6

续表

能源		中国	韩国	日本	俄罗斯
天然气	储量（万亿立方米）	8.4	—	—	37.6
	占世界比例（%）	4.5	—	—	19.6
	储产率（R/P）	43.3	—	—	58.6
煤炭	储量（百万吨）	143197.0	350.0	326.0	162166.0
	占世界比例（%）	13.3	—	—	15.1
	储产率（R/P）	37.0	453.0	320.0	407.0

表 3－3　　东北亚主要国家能源产出（2020 年底数据）

能源		中国	韩国	日本	俄罗斯
石油	产量（百万吨）	194.8	—	—	524.4
	占世界比例（%）	4.7	—	—	12.6
天然气	产量（十亿立方米）	194.0	—	—	638.5
	占世界比例（%）	5.0	—	—	16.6
煤炭	产量（艾焦）	80.91	0.02	0.02	8.37
	占世界比例（%）	50.7	—	—	5.2

资料来源：BP 世界能源统计年鉴。

3. 日本

日本油气资源相当匮乏，因此近年来持续在沿海地区和深海继续钻探。据《石油和天然气杂志》报道，2011 年 1 月，日本全国一共有约 2200 万桶的国内石油储备，大部分都集中在西南部沿海地区。而日本现有的水电资源已经被大规模开发利用，核能应用规模也相当大。

4. 韩国

韩国煤炭储量同样相当有限，估计仅有 133 百万吨，也已停止国内生产。韩国目前并没有已探明的可用石油来源。韩国所有可用的水电资源都已经被大规模利用，而且核电的规模也相当大。

5. 蒙古国

蒙古国领土面积约为 156.65 万平方千米，为当今世界上领土范围第十九大的国家。蒙古国是世界能源与矿产资源强国，其蕴含量位居全球前二十名。目前蒙古国已找到并确定了 80 余种能源矿物，重要的有煤、原油、铜、钨、铝等矿物来源。目前，全国共有 800 余个矿点和 8000 余个采矿点。据蒙古国能源部数据，其地质预测煤矿储量为 1733 亿吨，勘探储备 235 亿吨，可利用储备量约为 210 亿吨。因此，蒙古国也被称为“煤矿业的沙特阿拉伯”。

根据北国界线 102°、南国界线 107°的连线，可把蒙古国产煤地分成东、西两个区域，西南部以产焦煤为主，东部则以产褐炭为主。煤矿资源也是蒙古国最重要的出口物资。统计表明，蒙古国煤炭行业自然资源矿藏地 375 个，包括烟煤产区 138 个、褐炭产区 237 个。这 375 个矿产地中有煤炭矿床 75 个，包括还在开发的矿床（区）34 个；在 75 个矿床中有烟煤矿床 33 个、褐煤矿床 42 个；在全国已开发的 34 个矿床中，焦煤开采矿区有 20 个，褐炭开发矿区有 14 个。这些煤矿产地主要散布于全国 15 个含采煤盆地的盆地群中。在蒙古国境内，主要的大型煤矿主要有如下几个。

（1）八嘎诺尔煤矿。该煤矿地处蒙古国首都乌兰巴托东 125 千米，采用俄罗斯、日本的重型机械设备和技术进行生产，设计年产量为 600 万吨，煤的发热值约为 3900 卡/千克。该矿产出的原煤绝大部分通过铁路专用线运往乌兰巴托最大的发电厂。该矿现为股份制企业，国家股约占 90%。现在，当地政府已经将该矿场列入完全私有化企业名单，而根据当地政府的投资计划，矿场中约有 40% 的股权将通过招标方式变成完全私有。

（2）沙林格尔煤矿。地处乌兰巴托北部 240 千米，设计能力为年产硬煤 200 万吨，煤炭的平均发热值为 3900 卡/千克。绝大部分产出的原煤用于供应额尔登特矿发电。而沙林格尔矿井也已被政府纳入了全面私有化行列，目前该矿的国家股为 80%，而其中的 55% 则已被考虑变成私有。

（3）新乌斯煤矿。新乌斯煤矿是蒙古国内第三大煤矿，地处乌兰巴托以东 240 千米。矿井从 1992 年开始每年产煤 50 万吨，设计能力是年产原煤 200 万吨。煤炭的理论发热值为 2800—3200 卡/千克。已探明储量约为 20 亿吨，开采区面积为 23 × 17 千米。矿井周围存在着一定数量的储量较低的小矿井，但同时具备了相应的生产基础设施。

（4）塔班陶勒盖煤矿。南戈壁风区省的塔班陶勒盖煤矿，是目前世界上最大的还没有被完全开发的露天焦煤矿，其已探明储量估计将达到 60 亿吨，适于露天使用的储量约为 18 亿吨，其中主焦煤 15 亿—18 亿吨，为质量优良的冶金工程焦煤，生产总值将达到 3000 亿元。该矿井煤质的水分 0.6%、灰分

22%、硫分0.5%—0.8%、总发热量为5000—5500卡/千克，质量非常优良。东矿点周围300米以上的煤层，采矿资料储量、地质结构特征均已基本探明，勘查条件可靠。主矿点被分割为8个开采区域，其中1个采区工作面为属省开采区，其余采区工作面均为蒙古国能源有限公司直接管辖。

（5）纳林素海特露天煤矿。纳林素海特露天煤矿地处蒙古国南部戈壁省古尔本特斯距东南部约34千米处，露天可采煤层为五号煤层，煤层厚度53.3米，倾斜度为45°—55°，采掘品种主要是肥气煤。依据蒙古国商务厅调查资料，该煤层开采查明的资源量约为16.7亿吨。

蒙古国的煤田分属石炭纪、二叠纪、侏罗纪和白垩纪。在已发现的煤炭资源量中，所占比重依次是石炭纪煤矿占8.9%、二叠纪煤矿资源占38.8%、侏罗纪煤矿资源占3.6%、白垩纪煤矿资源占48.7%。从历史数据可以看出，产于白垩纪的褐炭是蒙古国最关键的煤矿资源，而产生于二叠纪的炼焦用煤炭资源则占据世界第二位，因而它对未来进行开采的经济意义巨大，是蒙古国向未来世界出口高品质煤矿资源的重要基石。

（二）东北亚各国传统能源消费量概况

东北亚地区各国的能源需求量也非常庞大，尤其是对煤的消费。而东北亚地区未来煤炭资源需求量将在全球发展中增量最多，对煤炭消费占比也最高。东北亚地区的煤炭需求量由2004年的12.14亿吨，增加到2020年的21.27亿吨。相应地，煤炭资源也将作为东北亚能源需求的最大和主要的能源，占据世界需求总额的53%。

表3－4提供了东北亚大部分国家和地区的2010年的能源消费状况，从中可知，2010年中国的一次能源需求量约占全球的五分之一，俄罗斯、日本、韩国等国的消费量占比也较大。

表3－4　　2010年东北亚主要国家和地区能源消费

能源	消费	中国	韩国	日本	俄罗斯
石油消费	消费量（百万吨石油当量）	428.6	104.3	201.6	147.6
	总占比（%）	10.6	2.7	5.0	3.7
天然气消费	消费量（百万吨石油当量）	98.1	38.6	85.1	372.7
	总占比（%）	3.4	1.4	3.0	13.0

续表

能源	消费	中国	韩国	日本	俄罗斯
煤炭消费	消费量（百万吨石油当量）	1713.5	76.0	123.7	93.8
	总占比（%）	48.2	2.1	3.5	2.6
一次能源消费	消费量（百万吨石油当量）	2432.2	255.0	500.9	690.9
	总占比（%）	20.3	2.1	4.2	5.8

资料来源：《BP 能源统计年鉴》。

1. 中国

未来我国的资源储量将远远不能适应支持我国快速增长的国民经济所带来的能源需求的增加。而按照国际能源署（IEA）的预计①，我国的一次能源需求将增长一倍多②，我国 2005 年的一次能源需求量为 17.42 亿吨标准油，而 2030 年的一次能源需求量将增长到 38.19 亿吨标准油，年均增长率为 3.2%[60]。英国石油统计年鉴（BP）的数据表明，我国 2010 年的电力消费水平占世界能源消费水平的 20.3%，为全球之最[61]。根据美国政府能源情报署（EIA）的预计，到 2030 年我国消费需求将利用全球 19% 的资源，相当于日本的五倍、韩国的九倍[62]。而我国居民消费占全球初级资源利用中的份额将超过 58%。对燃气的需求量还将大增，占全球初级燃料市场的比重有望由 2000 年的 4% 上升到 2030 年的 17.3%[63]。

煤炭资源作为我国主要的发电燃料，仍将是我国初级生产和最终燃料消费的主要源泉。目前我国 90% 以上的煤炭资源都处于内陆地区，而未来最大的煤炭需求增量预计将会来自沿海各个省份。因此可以看出，煤炭资源供需分布错位的现实也将加大对国内外煤炭资源的运输压力，进而使得中国沿海地区自

① 能源预测会受到国家政策干预的不确定性影响，虽然有些国家已经发布正式的政策目标，但以 20 年以上的期限来看，很难预测这些政策的稳定性及其作用效果。以现有政策正式采纳并实施的现有情景为基准，新政策情景反映的是采用了新措施来保证已宣布的广泛的政策，包括国家承诺减排、相关国家做出的对化石能源补贴的逐步淘汰等政策。450ppm 这一指标初次在 2008 年 WEO 中使用，制定了与将地球平均稳定限制在 2℃ 以内的目标一致的能源路径，要求温室气体限定在百万分之 450，即 450ppm 二氧化碳当量。参见 IEA，World Energy Outlook2010 [M]，第 79 页。

② 一次能源又称初级能源，一次能源需求总量 = 热电生产用能 + 除电力和热力以外的其他用能部分（以前称为“其他转换、自用和损耗”）+ 除电力和热力以外的终端消费总量。一次能源需求总量不包括从热泵散失到环境中的热量，也不包括电力贸易。热电生产用能包括主要发电企业和自用发电企业的电力和热力生产。参见国际能源署，《世界能源展望 2007》[R]. 第 283 页。

国外进口的煤炭资源将更加具备市场竞争性。国际能源署（IEA）预计，到2035年，我国的自身煤炭需求量将占全球煤炭总需求净增加额的54%[64]。而我国从2007年前六个月就已经成为世界煤炭净进口国。以此作为参考，2030年我国的煤炭净进口额将超过其煤炭总需求的3%，并占据世界煤炭贸易的7%。

高速工业化和增加的汽油拥有量大大拉动了中国国内对原油的需求。但是，中国国内原油产量上升和精炼技术的增加，仍然不能和经济快速增长的需要相符。在中国未来的发展情景中，国内的原油进口总量将从2009年430万桶/日增加到2035年1280万桶/日，进口的份额也将由53%增加到84%。天然气的进口也将快速增长，但在预计期内生产速度将落后于出口增速。根据预测，2035年中国的天然气进口还将有53%依靠进口，因此中国必须大规模增加管道和液化天然气（LNG）的气化设施建设[65]。到2030年，我国的发电装机容量将要继续扩大13亿千瓦以上，将比美国目前的总装机容量更大[60]。

2. 俄罗斯

俄罗斯作为能源强国，其能源消耗量也很大。2020年，俄罗斯一次能源消耗量排在中国（145.46艾焦）、美国（87.79艾焦）和印度（31.98）之后，居全球第四位。在一次能源消费结构中，石油、天然气和煤炭三大能源的占比较高，最高达85%以上（见图3-1）。

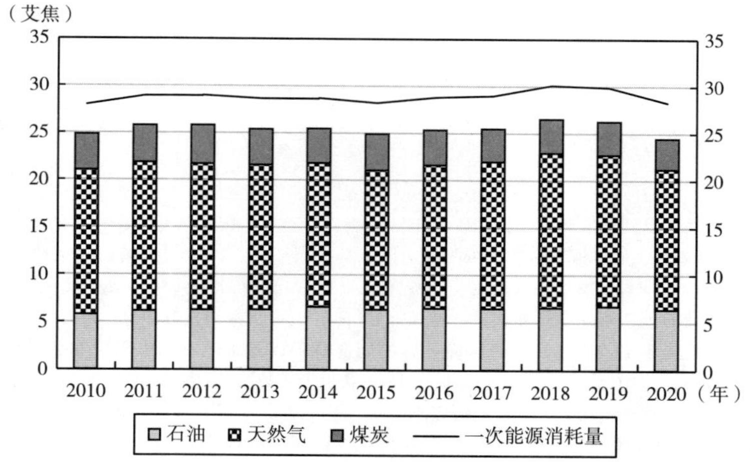

图3-1 俄罗斯能源消耗量

3. 日本

日本为世界上的第二大市场国，但由于其国土狭小，资源也十分稀缺。根据统计资料可知，日本所使用的能源中有83%都依靠进口，日本所需原油的99.7%、煤的97.7%、石油的96.6%依靠从其他国家和地区进口[66]。其中，石油资源的进口最为典型。日本所进口的原油大部分依赖中东。和世界其他制造业大国一样，日本的原油供应体系仍然薄弱。至2004年，日本从中东国家进口的原油占比为67%，其余大部分从东南亚、非洲和拉美等地区进口，日本目前已成为全球第二大原料进口国。

第二次世界大战结束后的1945年至1955年为日本战后恢复国民经济的重点建设时期，当时日本政府在缓解国内能源压力问题上主要依赖日本本国能源，如国产煤炭和水力。1955—1975年，日本国民经济实现了高速度发展，同时日本对能源资源的需求量也成倍增加，能源供应结构出现了很大改变，最明显的特点就是石油取代煤炭在日本一次能源中取得了关键的战略地位。1962年，原油第一次超过煤气位居日本能源消费的首位。到1975年，日本一次能源结构中原油的比例已经达到了70%，煤炭的比例降到16.4%，日本国产煤的比例也降到3%，水力的比例降到5%，日本一次能源的国内供应比例也减至12%。

从20世纪70年代开始，中东出现了两场大规模的政治动乱（1973年第四次中东战争和1979年伊朗政变），中东原油的生产和运输都因此受到较大影响，同时也造成了国际石油价格的飞涨，正因为此，先后爆发了两场石油危机，极大挫伤了过分依靠原油的日本企业。油气危机后，日本政府开始了新的能源结构调整进程，实施进口方式多样性策略和能源资源产品多样性策略，并在国内外注重开发核能，以减轻对煤炭资源的依赖程度。

通过长时间的奋斗，日本政府所设计的能源结构多元化策略已经取得成效。1975—1997年，日本政府将对能源资源的总需求提高了1.5倍。其间，日本对核能的需求量增加了12.6倍，对天然气的需求量增加了7倍，而对煤炭和原油的需求量也开始减少，依次是1.6倍和1.1倍。20世纪90年代末，石油资源在日本的一次能源供应中的比例降到了52%，较20多年前相比减少了约19个百分点。而清洁燃料的比例上升幅度虽不明显，但技术开发却获得了重要发展[67]。

20世纪90年代，在原油价格以低水平推移的情况下，以家庭部门业务其他部门为中心的能源消费有所增加，但2000年以后原油价格再次上升，以2005年度为顶峰，使能源消费有减少的趋势，特别是2011年东日本大地震以后，节电意识的提高等使能源消费减少。

4. 韩国

韩国虽然是全球第九大能源消费大国，但由于领土面积小，能源资源也非常匮乏，其石油资源的97%依靠国外输入，占该国总进口量的26.6%。在韩国的能源资源消费结构中，石油的消费占43.6%，天然气的消费占24.3%，煤矿的消费占13.7%，韩国为全球第四大原油进口国和世界第三大矿产资源进口国。对国外原油资源的高度进口依赖，是韩国经济增长的主要弱点之一。据韩国的调查机构估计，如果全球油价每提高一美元，对韩国国际收支的直接冲击就高达10亿美元；如果原油价格每增长约5%，该国的经济增长率就将下降约0.2%。

韩国的资源消费水平从经济发展总体上来说，可分为三个阶段。第一阶段，是从1950年至1970年，这一时期为韩国经济发展的启动期，此时韩国非常缺乏外币储蓄，资源支出主要以煤炭为主。但到了20世纪60年代中期以后，随着韩国的经济社会逐步向着安定和健康的方向和趋势快速发展，经济的整体能力明显提高，综合国力也逐步明显增强，并加大了和国际社会以及其他发达国家的交往，同时积极扩大了海外投资活动。而此时国际社会的原油储量开始呈现平衡态势，而且价格较前一时期更低廉，同时韩国的资源消费市场也随着国际社会的资源消费趋势出现了较大的转变，由原来的电力占主导地位的局面逐步变成以天然气为主体能源的局面。第二阶段是从1970年到1980年，尽管在这一时期石油的能源消费比例持续下降，且并不平衡，但以油气为基础的能源消费结构已成定局。第三阶段，从1980年以来，由于市场经济的发达以及世界各国能源开发与科技的逐渐成熟，韩国积极推动进口液化天然气与生产液化石油气技术的发展，在韩国的能源消费结构中，燃气也已开始在国内市场中崭露头角。虽然燃气相对于煤炭与原油而言，在技术上更显高端，且费用也相对较高，不过在全球各地政府都非常重视环保的时期，燃气也显然成了此时韩国为了发展能源而改善能源消费结构的主要选择。从最新的统计资料可以看出：韩国在每年的一次平均能源需求量约为21044.7万吨油当量，其中原油约为13778.3万吨，占65.5%，而液化天然气则为1275万吨油当量，占6%，二者之和为71.5%。从中我们看到，在韩国的经济社会增长中，原油和天然气已经是主力资源[68]。

韩国因电力不足且分配不均，必须向海外进口能源以满足其自身需要。韩国政府也十分重视新动能的使用与开发，通过积极的政策与举措，认真地分析全球再生能源的消费特点与趋势，通过主动调节国内传统不可再生能源的比例，逐步扩大对新动能的使用率，减小对传统不可再生能源的依赖性，并努力地实现能源消费的长期安全稳定，以确保韩国能源发展向着合理、平衡的方向发展。就韩国而言，天然气和石油是其赖以生存的资源基础，近年来韩国的资源短缺也使该国面临严峻的能源危机。韩国已经深切地了解到全球的一次性资源主要集中于中东地区，而中东的油气资源特别是石油具有垄断性的优势。为防止这些垄断的行为，韩国制定了积极的对策措施，通过液化气、核能和电力取代石油，减少对石油的依赖，同时努力做到原油和天然气供应途径的多元化，以此使其产品价格和规模变动得到控制。为了确保国内的石油能源供应，韩国现已投资和参与36个国家的155个油田开采计划。尽管遭受世界经济危机的冲击，国外原油价格大跌，但2008年韩国向海外石油天然气项目投资仍然超过了40.2亿美元，同比增加了57.6%。而随着韩国政府非常重视能源安全，逐渐加大海外资源的投入的同时，其自主发展水平也持续增加，从2006年的3.2%增加到2007年的4.2%，2008年达到5.72%，2009年超过7.4%，2012年超过18.2%[69]。

进入21世纪，韩国开始逐步完善天然气网，以减少对石油和煤炭的消费，处理资源危机。与此同时，利用这些措施，合理地减少对石油和煤炭的利用，并合理地开发了天然气、核电以及其他新能源，从而推动了新能源的发展和使用。虽然韩国不断推动在各领域的政策并积极实行了各种能源政策，但石油在各方面都一直占据着主导地位，高依存度的局面仍然无法在短期内改善，而资源消费结构也仍然需要逐步的改善，这也就对韩国提出了更高的要求。在全球范围内爆发能源危机时，韩国就已经着手建设了本国境内首个用于民众生活使用的核能技术反应堆。由于经济和自然资源的持续增长，韩国现在已经是世界排名第六的核能生产国，而韩国国内电力大部分来源于核能发电。

（三）东北亚各国新能源概况

1. 中国

（1）水能资源。中国河流众多，径流量充沛，河流落差巨大，因此蕴藏着丰富的水能资源。据统计，目前中国水能资源的总蕴藏量可达6.76亿千瓦，可以被用来开发利用的水能资源蕴藏量为3.78亿千瓦。中国不论是在水能资源蕴藏总量方面，还是在可能开发的水能资源蕴藏量方面，均位居世界第一位（见表3－5）。

表3－5　我国主要河流及流域水能蕴藏总量和实际可以开发的水能资源蕴藏量表

河流及流域	理论水能资源蕴藏量		可开发水能资源蕴藏量	
	万千瓦	占全国百分比（%）	万千瓦	占全国百分比（%）
全国	67604.71	100.0	37853.24	100.0
长江	26801.77	39.6	19724.33	53.4
黄河	4054.80	6.0	2800.39	6.1
珠江	3348.37	5.0	2485.02	5.8
海滦河	294.40	0.4	213.48	0.3
淮河	144.96	0.2	66.01	0.1
东北诸河	1530.60	2.3	1370.76	2.3
东南沿海诸河	2066.78	3.1	1389.68	2.9
西南国际诸河	9690.15	14.3	3768.41	10.9
雅鲁藏布江及西藏其他河流	15974.33	23.6	5038.23	15.4
北方内陆及新疆诸河	3698.55	5.5	996.64	2.8

资料来源：http：//www.hydropower.org.cn/showNewsDetail.asp？nsId＝938。

A. 长江。长江发源于青藏高原东部的唐古拉山的格拉丹冬雪山，总长约6397千米，流域面积180万平方千米，径流区年平均入海量约为9600亿立方米。干流穿越青、藏、云、川、渝、鄂、湘、赣、皖、苏及沪等11个省（直辖市、自治区），最后进入东海。支流还流经了甘、陕、贵、桂、粤、豫、浙和闽等8个省（自治区）。

长江源头段的沱沱河全长358千米。注入当曲河后被称作通天河，当曲河口至贵州省玉树县巴塘海面口，总长813千米。巴塘河口至四川宜宾岷江河口，也被称作金沙江，总长2308千米。而岷江河口至长江入海口段，总长2884千米，统称为长江。其中，由四川宜宾至湖北省宜昌，因长江流域主要经过四川境内，俗名川江，全长1030千米。由湖北省宜昌至湖南省岳阳城陵矶段，因长江流域主要经过古荆州一带，俗名荆江。而扬子江原来是泛指长江流域扬州以下的下游部分，也因为扬子江是由英国传教士首先听说的名称，所以长江的英文名称是“Yangtze River”。

长江从源头到入海口，总落差约5400米，蕴含着丰富的水力资源。长江干流和支流的水能蕴藏量理论上可达2.68亿千瓦，其中可用于开发的水力蕴藏量达1.97亿千瓦。长江流域水能资源分布总的情况是西多东少，宜昌以上的上游地区蕴藏量约占全流域总蕴藏量的80%，可开发的水能资源蕴藏量占全流域可开发水能资源蕴藏量的87%。如按水系划分，水能资源分布情况见表3－6。

表3－6 长江干流及各支流（流域）水能资源蕴藏量占长江流域总量的比重

干支流流域名称	水能资源理论蕴藏量占比（%）	可开发水能资源蕴藏量占比（%）
干流	34.2	46
支流	65.8	54
雅砻江	12.6	14.8
岷江（含大渡河）	18.2	16.3
嘉陵江	5.7	4.0
乌江	3.9	4.0
洞庭湖水系	6.9	5.5
汉江	4.1	2.4
鄱阳湖水系	2.4	1.8

资料来源：https：//baike.so.com/doc/10019923－10367844.html。

B.黄河。黄河发源于青藏高原巴颜喀拉山的北麓，流经青、川、甘、宁、内蒙古、陕、晋、豫、鲁9省（自治区），在山东注入渤海，全长5464千米，落差4480米，流域面积79.5万平方千米，年径流量580亿立方米。

黄河自源头至内蒙古自治区托克托县的河口镇为上游，长3471.6千米，流域面积42.8万平方千米，占黄河流域总面积的53.8%，落差达3300多米。自河口镇至河南郑州市的桃花峪为中游，长1206.4千米，流域面积34.4万平方千米，占全流域面积的43.3%，落差890米，平均比降7.4‰。黄河桃花峪至入海口为下游。流域面积2.3万平方千米，仅占全流域面积的3%，河道长785.6千米，落差94米。下游河道横贯华北平原，绝大部分河段靠堤防约束。

河道总面积4240平方千米。由于大量泥沙淤积，河道逐年抬高，是世界上著名的“地上悬河”，成为淮河、海河水系的分水岭。黄河水能资源蕴藏总量约4046万千瓦，其中可以被开发利用的水能资源蕴藏量约3343万千瓦。黄河的水能资源主要分布在上游地区，其中龙羊峡至青铜峡段，长918千米，落差1324米，水能理论蕴藏量1133万千瓦[70]。

C. 珠江。珠江包括西江、北江、东江三大支流，流经云、贵、桂、粤、湘、赣等6个省（自治区）以及越南的东北部地区，流域面积达453690平方千米，在广大的流域范围内，我国境内面积为442100平方千米。珠江年径流量3492多亿立方米，居全国江河水系的第二位。西江是珠江的主干，发源于云南省沾益县乌蒙山脉的马雄山，流经云南、贵州、广西、广东等4个省区，在广东省珠海市的磨刀门注入南海，全长2320千米，总落差2136米，蕴藏着丰富的水能资源。流域面积约35万平方千米，占珠江流域总面积的77.8%。西江的主源为南盘江，至册亨县与北盘江汇合后称红水河，至广西石龙镇三江口与柳江汇合后称黔江，到桂平与郁江汇合后称浔江，直到广西、广东交界处的梧州汇入桂江后始称西江。

珠江流域水能资源理论蕴藏量为3348.18万千瓦，可开发水能资源蕴藏量为3246.88万千瓦。珠江各河段水能资源蕴藏量见表3－7。

表3－7　珠江流域水能资源蕴藏量表

珠江流域	理论水能资源蕴藏量		可开发水能资源蕴藏量	
	万千瓦	占全流域百分比（%）	万千瓦	占全流域百分比（%）
全流域	3348.18	100.00	3246.88	100.00
南盘江	671.10	20.04	526.58	16.22
红水河	873.28	26.08	1234.36	38.01
西江（梧州以下）	135.03	4.03	125.56	3.87
北盘江	320.67	9.58	375.58	11.57
柳江	452.00	13.50	273.97	8.44
郁江	355.86	10.63	278.91	8.59
桂江	135.45	4.04	56.36	1.74
北江	268.78	8.03	243.25	7.55
东江	136.21	4.07	130.31	4.09

资料来源：李质珊，欧阳启麟，戴力群，蔡剑良.21世纪中叶珠江流域水能资源开发利用研究[J].人民珠江，2001（1）：1－5＋44.

D. 雅鲁藏布江。雅鲁藏布江是世界上海拔最高的河流之一，发源于中国西藏西南部喜马拉雅北麓的杰玛央宗冰川周围，自西向东贯穿了整个青藏高原南部，在到达了喜马拉雅山区最东面的南迦巴瓦峰后转而向南流，于巴昔卡一带冲出中国国境后，称布拉马普特拉河，终经巴基斯坦、孟加拉国驶入孟加拉湾。雅鲁藏布江总长2840千米（包括支流总长3848千米），总河域范围约为93.5万平方千米，而在中国境内总长为2057千米，总流域范围为24.6万平方千米。

雅鲁藏布江的上游段是世界海拔高度第一的大河，河床的高度通常在海拔3000米以上。它也是我国坡降最陡峭的河流，落差高且集中，因此水量充足，在冲出我国国界线时的年均径流量达1400亿立方米，水力也十分充足。据年均流量推算，雅鲁藏布江的理论水电蕴藏量约为7911.6万千瓦，位于中国长江流域蕴含量之后，为我国第二。

E. 松花江。松花江是黑龙江在中国境内的最大支流，发源于长白山天池的西流为松花江干流，流经吉林、黑龙江两省，长1927千米。主要支流有发源于大兴安岭支脉伊勒呼里山的嫩江及牡丹江等。流域面积55.72万平方千米。

松花江流域水能资源丰富，并以松花江干流及支流嫩江、牡丹江较为集中。松花江流域水能总的理论蕴藏量为659.85万千瓦，其中西流松花江干支流为139.82万千瓦，占全流域的21.2%；嫩江干支流为227.12万千瓦，占34.4%；松花江干流及其他支流为292.91万千瓦，占44.4%。

（2）风能资源及其分布。中国国土面积广阔，高山、高原面积大，拥有绵长的海岸线，风能资源非常充足。据中国国家气象局估计，目前我国全国风能密度约为每平方米100瓦，风能资源蕴藏总量为32.26亿千瓦，可开发利用的陆地上的风能资源蕴藏量为2.53亿千瓦（根据陆地上距离地面10米高度资料计算），海上可开发利用的风能资源蕴藏量为7.5亿千瓦。

有效风能密度、有效风力出现的时间百分率、风速大于等于每小时3米和6米的时间全年累积时数等，全国各区域差异较大。中国陆地的风能资源，主要分布于中国东南沿海地区和周边海岛、内蒙古、甘肃、新疆以及东北、华北和青藏高原的部分区域。东南沿海地区和周边海岛是中国风力资源最富集的区域，有效风能密度以超过或等于每平方米200瓦的等值线平行于中国海岸线，沿海岛礁的有效风能密度达每平方米300瓦以上，高效风能出现的平均时间百分率为80%—90%，大于等于每小时3米的风力全年累计持续时间为7000—8000小时，大于或等于每小时6米的风力全年累积时间在4000小时左右。东南海岸风力资源充足的地区是海岸几百千米的狭窄地区，从海岸线向内陆几百千米以外风力呈锐减的趋势，仅距海岸线100千米的地区，风力密度已减少到每平方米50瓦特以下。内蒙古、甘肃、新疆和东北东部一带风力资源也很充足，平均风力密度在每平方米200—300瓦，有效风力发生的时间百分比一般在70%以下，大于等于每小时3米的风力常年累计持续时间在5000—7000小时，大于等于每小时6米的风力长年累积在3000小时以下。这一区域覆盖面很大，是全国连续面积最大的风能资源分布区。东北中西部、华北部分区域和中国东部沿海，平均风力密度一般在每平方米150—200瓦以上，大于等于每小时3米的风力全年累计持续时间4000—5000小时，大于等于每小时6米的风力则全年累积在3000小时以内。青藏高原地区大于或等于每小时3米的风力全年累计持续时间为大约6500小时，不过因为平均海拔较高，且空气稀薄，导致风力密度也相对较小。其他地方的风力资源规模相对较小，有效风力密度普遍在每平方米50瓦特以内，可使用风能仅有20%左右，大于等于每小时3米的风力全年累计持续时间普遍在2000小时以内，大于等于每小时6米的风力常年累计在150小时以内。

（3）太阳能资源及其分布。中国各地太阳年辐射总量为每平方米3340—8400兆焦，中值为每平方米5852兆焦。从中国各地太阳年辐射总量的分布来看，青藏高原地区最大，西北、华北、东北西部、华南地区太阳辐射总量也很大，四川和贵州两省及重庆市的太阳年辐射总量最小。根据太阳辐射总量情况，把全国分为五类地区（见表3-8）。

表3-8　中国太阳能资源地区分布

区域类别	日照时数（小时）	年太阳辐射量（兆焦/平方米）	主要分布地区
一类地区	3200—3300	6680—8400	青藏高原西部、新疆东南部、宁夏北部、甘肃北部等
二类地区	3000—3200	5852—6680	青海东部、西藏东南部、新疆南部、内蒙古南部、宁夏南部、甘肃中部、河北西北部及山西北部等

续表

区域类别	日照时数（小时）	年太阳辐射量（兆焦/平方米）	主要分布地区
三类地区	2200—3000	5016—5852	新疆北部，甘肃东南部，陕西北部，山西南部，山东、河南、河北东南部，吉林，辽宁，江苏北部，安徽北部，云南，广东南部，福建南部，天津，北京和台湾西南部等
四类地区	1400—2200	4190—5016	湖南、湖北、广西、江西、浙江、福建北部、广东北部、陕西南部、江苏南部、安徽南部以及黑龙江、台湾东北部等
五类地区	1000—1400	3344—4190	四川、贵州、重庆等

2. 蒙古国

（1）风能资源。蒙古国的潜在风电资源量大约为 110000 万千瓦。与中国毗邻的南戈壁省和东戈壁省是蒙古国风力资源最丰富的地区，根据研究机构估计，如果对风能密度每平方米 300 瓦及以上的区域进行风能资源的开发，那么蒙古国的南戈壁省拥有 10000 万千瓦以上的潜在可开发量，东戈壁省拥有 7500 万千瓦以上的潜在可开发量。根据《东北亚能源互联网研究与展望》，蒙古国计划在未来建设位于乔伊尔、乔巴山、塔温陶勒盖（南戈壁省重要煤矿区）、南德格勒尔和曼达勒戈壁的 5 个风电基地。具体情况见表 3 – 9。

表 3 – 9　　蒙古国潜在风电基地规划及成本

基地名称	所在省份	年均风速（米/秒）	规划面积（平方千米）	装机面积（平方千米）	装机容量（万千瓦）	年发电量（万千瓦时）	投资（亿美元）	发电成本（美分/度）
乔巴山	东方省	6.35	256.11	206.10	99	287100	7.02	2.89
曼达勒戈壁	中戈壁省	6.63	344.77	294.27	101	288100	7.05	2.8
南德格勒尔	肯特省	6.42	1194.57	948.64	200	549400	15.57	3.24
乔伊尔	戈壁苏木贝尔	6.27	5140.72	4344.44	1599	4134800	114.19	3.15
塔温陶勒盖	南戈壁省	7.63	1898.29	1743.19	800	2610300	60.69	2.66
占比（%）	占比（%）	84.10	83.10	86.70	83.50	82.60	83.60	81.80

资料来源：全球能源互联网合作发展组织．亚洲清洁能源开发与投资研究［M］．北京：中国电力出版社，2020.

（2）太阳能资源。蒙古国所处的地理位置使其拥有丰富的太阳能资源，蒙古国境内晴天时间有 270—300 天，年日照时数为 2250—3300 小时，综合测算下来，蒙古国每天可以接收的太阳能达到 3.4—5.4 千瓦时/平方米。《亚洲清洁能源开发与投资》的研究表明，蒙古国包括乔伊尔、古尔班特思和塔温陶勒盖等3个潜在的太阳能基地。具体情况见表3-10。

表3-10　　蒙古国潜在太阳能基地规划及成本

基地名称	所在省份	年辐射量（千瓦时/平方米）	装机容量（万千瓦）	年发电量（万千瓦时）	投资（亿美元）	发电成本（美分/度）
古尔班特思	南戈壁省	6.63	101	184800	4.42	2.16
乔伊尔	戈壁苏木贝尔	1668.19	803	1430000	36.50	2.30
塔温陶勒盖	南戈壁省	1738.23	399	724400	18.08	2.25

资料来源：全球能源互联网合作发展组织．亚洲清洁能源开发与投资研究［M］．北京：中国电力出版社，2020.

第二节　东北亚区域经济发展及合作概况

一、东北亚区域经济发展概况

东北亚地域辽阔，大国众多，整体经济实力较强。在东北亚的国家中，中国和俄罗斯是世界性大国，日本、韩国是全球发达国家，相对来说，唯有蒙古国和朝鲜两国在经济领域上弱一些。从东北亚各国历年GDP统计数据来看（见图3-2），中国在改革开放之后经济迅速发展，GDP逐年增加，在进入21世纪后更是进入了经济发展的快车道，在2010年超过日本成为仅次于美国的世界第二大经济体。日本经济在“二战”结束之后迅速走出战争阴影，特别是20世纪60年代以后，日本经济进入了高速发展的阶段，GDP增长迅速；进入20世纪90年代之后，日本经济进入平稳增长阶段。韩国在1961年开始实施第一次经济发展五年计划后，通过出口导向型工业化战略——进口替代出口战略实现了经济腾飞；进入20世纪80年代后，韩国开始注重持续稳定增长和推行西方的“福利社会”目标，通过行政改革、产业结构调整、金融改革等措施调整经济结构，1996年加入“发达国家俱乐部”。在苏联解体后，俄罗斯联邦政府进行了一系列经济改革，使经济水平平稳发展。

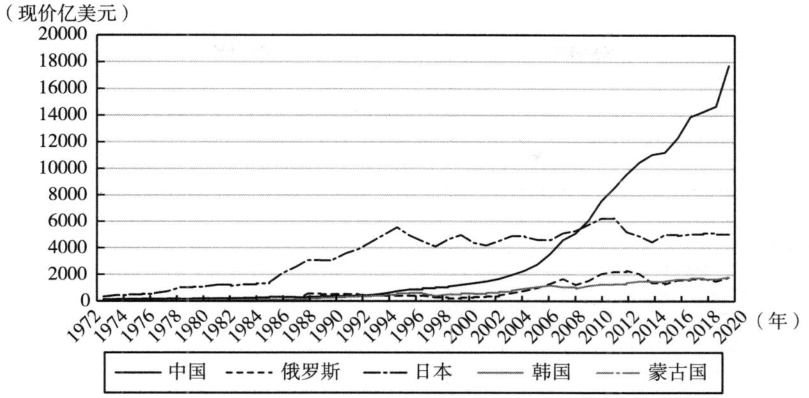

图 3－2　东北亚各国历年 GDP

注：由于朝鲜数据未能获取，因此未在图中表示。

（一）中国：发展中国特色的社会主义经济道路

新中国成立以来，中国的经济体制主要经历了计划经济体制和建设有中国特色的社会主义市场经济体制两大发展阶段。当前，中国特色社会主义市场经济体制仍然处在不断发展完善的过程中。新中国成立后的一段时期内，中国外交执行“一边倒”政策，苏联的社会主义实践，是唯一可供中国在新民主主义革命胜利基础上建设社会主义时加以借鉴的模式，就当时的历史条件和理论认识来看，建立计划经济体制是中国选择社会主义道路的必然结果。在计划经济时代，中国的工业化取得了巨大的成就。在近乎空白的基础上，新中国建立了完备的工业基础和工业门类；在先进工业部门如航空、宇航、核能等领域实现了飞跃，“两弹一星”试验的成功，显示了我国相关工业和科研达到世界较高水平，并具备了自我持续发展的能力；与现代工业紧密联系的科技研究和教育体系发展起来，并取得了丰硕的成果；兴建了大量基础设施；形成了东北、三线、沿海比较均衡分布的工业格局。

改革开放以后，中国经济构成由之前的以国有经济为主的单一公有制经济逐渐转变为各类所有制经济共存共生的混合所有制经济，并且非国有经济在经济结构中逐渐占有更高的比例。确立公有制为主体、多种所有制共同发展的制度，与中国处于社会主义初级阶段的基本国情相匹配，因此极大地推动了生产力的极大发展。

改革开放以来，我国三次产业结构发生了深刻变化，由主要依靠第二产业带动转向依靠第三产业共同带动。进入21世纪以来，我国三次产业结构呈现“一低两高”的特点，具有典型的二、三产业“双轮”驱动特征（见图3－3、图3－4）。

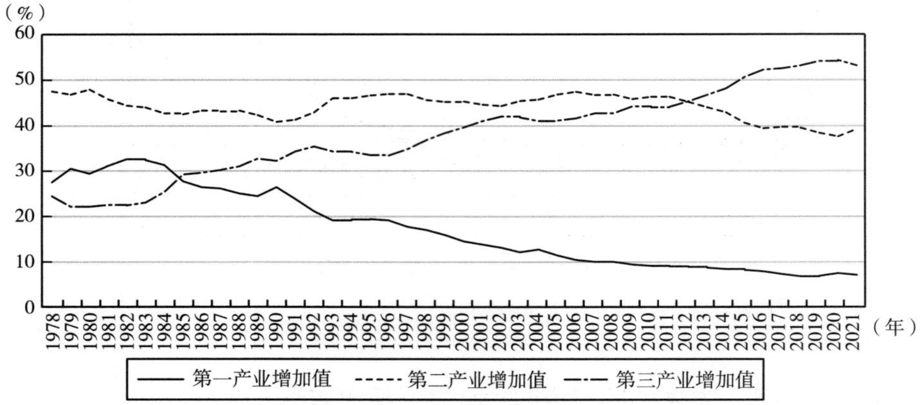

图3－3　我国产业结构的演变（1978—2021年）

资料来源：《中国统计年鉴》。

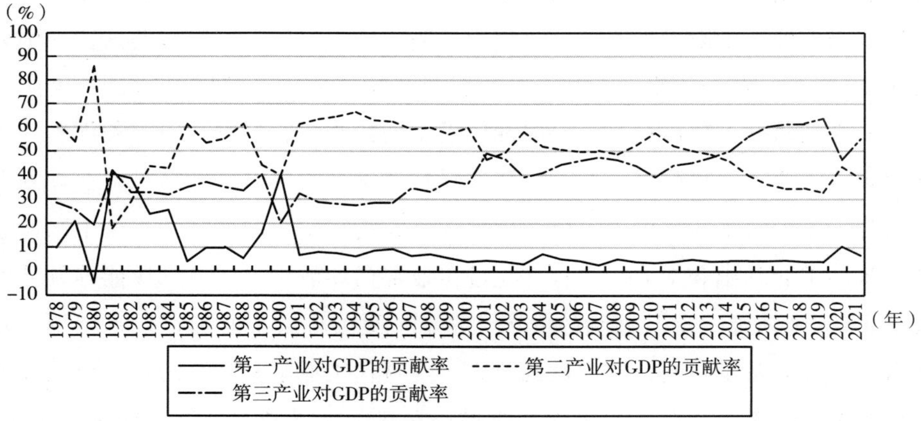

图3－4　我国三次产业对经济增长的贡献率（1978—2022年）

资料来源：《中国统计年鉴》。

（二）日本：经济实力雄厚，应当承担责任

日本是一个资源贫乏、市场狭小的国家，也是个人力资源匮乏、全球区域狭小的工业生产国家。由于日本的各种资源非常缺乏，因此发展现代制造业生

产所必需的大部分原材料和燃料等，大部分都依靠外国输入。日本是目前当今世界上最大的自然资源产品进口国。日本在产业发展方面的明显的特征是：一方面，需要大规模输入资金和能源资源；另一方面，又需要把大量的工业制成品远销国外市场。

第二次世界大战后，作为战败国，日本在一片废墟上重建经济，并从 20 世纪 50 年代中期到 70 年代初实现了经济高速增长，创造了日本经济“奇迹”，一度成为其他国家和地区纷纷研究和效仿的成功典范。以 20 世纪 70 年代初第一次石油危机爆发为转折点，日本经济减速，并出现一些现象和问题；到 80 年代中后期，在后发效应趋于终结、国内市场日益饱和、日元大幅升值、货币政策宽松的形势下，日本出现严重的“泡沫经济”。是泡沫，终归要破灭。

随着 20 世纪 90 年代初“泡沫经济”崩溃，日本经济陷入长期低迷。尽管各届政府都采取了刺激经济增长措施，但由于经济体制改革滞后、政权更换频繁、金融财政等宏观调控空间有限、老龄化加剧以及劳动力市场相对封闭、外需作用减弱等原因，日本经济长时间未能走出低迷。

2012 年底，安倍晋三二度就任日本首相后，推出“安倍经济学”及“日本复兴战略”，将重点放在促进国内结构改革。在开放劳动力市场、降低企业经营负担、提高农产品竞争力等方面，日本已显现出一些积极动向。在人口少子老龄化日趋严峻、财政赤字居高不下、外部环境复杂多变、宏观调控空间有限的情况下，中长期日本经济将呈低增长、低通胀、低失业状态（见图 3－5）。

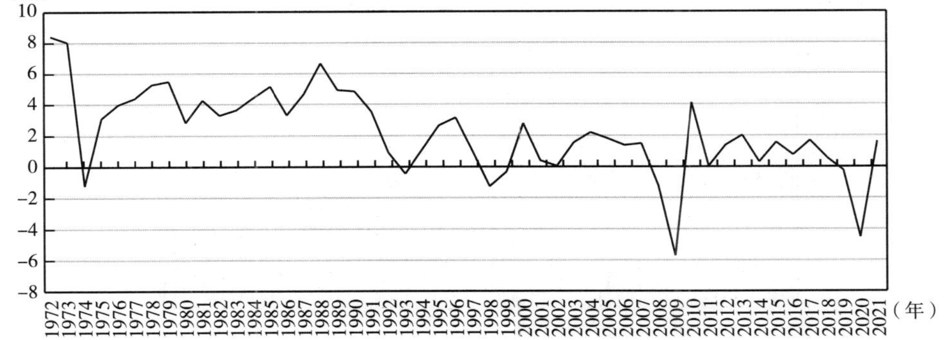

图 3－5　日本 GDP 增长率（1978—2021 年）

资料来源：世界银行数据库。

随着“安倍经济学”的实施，通过实施宽松的货币政策、积极的财政政策、经济结构改革等措施，日本经济实力不断增强，在国际上的经济地位不断上升。尤其是近些年来，许多工业部门和研究技术人员的研发水平和能力正在追赶甚至超越美国。钢铁、航空、车辆制造业、家电工业和计算机等领域均具有比较好的技术水平，并可与美国相匹敌。而日本在应用技术领域，如微电子领域、计算机硬件、超导应用、人工智能，以及光纤通信技术等多个方面均已领先于美国。目前全球半导体领域的约 50% 已被日本占据。

（三）俄罗斯：目前仍处于困境，潜力不容忽视

俄罗斯雄踞欧亚大陆。欧亚大陆是全球政治、经济的中心。这里占有全球人口的四分之三，土地面积的约五分之二，国内生产总值的五分之三，已知资源的四分之三，以及全球八大文明中心中的六个和除美国以外的所有大国。俄罗斯优越的地理位置、丰富的自然资源和经济潜力等，是俄罗斯在欧亚大陆乃至全世界发展的优越条件。

纵观 20 世纪 90 年代俄罗斯对外贸易的发展，在 1992—1998 年俄罗斯经济总体上连年低迷的局面下，只有对外贸易一枝独秀，保持着高速发展势头，并形成了拉动俄罗斯整个经济发展的“火车头”。不过就整体而言，俄罗斯的外贸进出口规模还是相当小，每年平均量也只有约 1500 亿美元。按照世贸组织的统计数据，俄罗斯出口在全球产品出口中的比例只占约 1.5%（见图 3－6）。

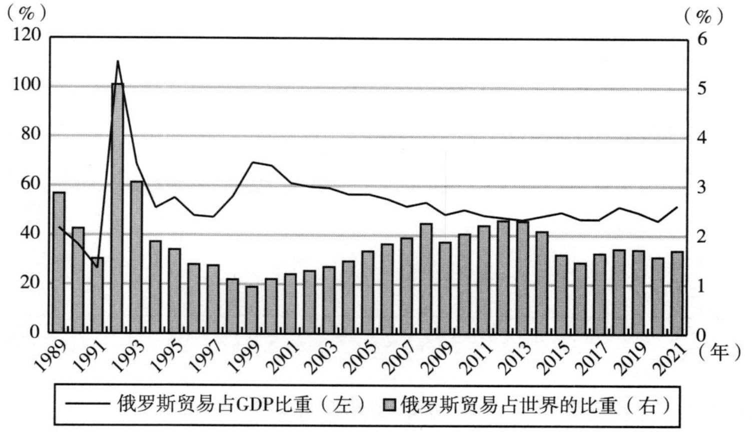

图 3－6　1989—2021 年俄罗斯贸易数据

俄罗斯联邦独立后，按照市场经济的政策规定，俄当局于 1991 年 11 月通过了《对外经济活动自由化法令》，废除了企业国家经济部门独占营业制，实现了“对外贸易自主化”。1995 年又通过了《国家调整对外经济活动法》，逐渐建立了本国的对外经济贸易管理体制。目前，俄罗斯联邦内的所有公司都可不经过专门登记即可进行对外企业经营行为。在进出口控制领域，政府部门也逐渐放宽限制措施：在进口商品税费优惠政策方面，总体的发展趋势是逐渐减少了进口关税比例；在贸易政策领域，俄罗斯政府也进一步放松了出口商品控制，除部分法律中规定的特殊货物以外，对所有商品均取消了出口限制和许可措施。而对于促进国际贸易，俄罗斯政府则在财务政策和融资措施方面均予以扶持和优惠待遇。

（四）韩国：依托亚太市场，经济迅速复苏和快速增长

韩国在 1948 年建国初期是世界上最贫穷的国家之一。1955 年，韩国的人均国民生产总值（GNP）仅为 65 美元，1960 年仅为 79 美元，与非洲国家相当。自 1962 年开始韩国经济快速起飞，1995 年人均 GDP 达到 10075 美元，1996 年加入有“富国俱乐部”之称的经济合作与发展组织（OECD）。韩国经济在短短 30 多年内取得令人瞩目的成果，实现跨越式发展，被称为“汉江奇迹”。之后，韩国经历了两次金融危机的严重冲击，开始进行重大调整。

总地来看，韩国经济的发展历程大致可分四个时期：混乱期（1945—1953 年）、恢复期（1953—1961 年）、高速增长期（1962—1997 年）和调整转型期（1998 年至今）。

在经历了 36 年的日本殖民统治剥削和 3 年南北战争之后，韩国经济举步维艰，原本薄弱的基础设施及各产业受到严重破坏。南北停战之后，韩国开始依赖美国的援助发展加工业，恢复经济。这一时期韩国进口贸易的 70% 都依赖美国的无偿经济援助来支付，进口和出口仅占国民生产总值的 13% 和 3%[71]，经济实行进口替代政策，经常项目收支逆差巨大。这一时期，进口替代战略恢复并改善了韩国的经济状况，轻纺和食品等劳动密集型产业得到较快发展，为下一阶段的出口战略和经济起飞打下了一定的基础。

1962 年，韩国开始实施第一个五年经济发展计划（1962—1966 年）。在第一个五年计划期间内，韩国经济的年增长达到了 7.9%；到了第二个五年计划期间（1967—1971 年），这一比率提升到了 9.6%。在这两个五年计划期间，

韩国出口的年增长率分别达到了43.6%和33.7%。20世纪70年代，韩国受到了两次全球石油危机的严重冲击和影响，在第三个（1972—1976年）和第四个（1977—1981年）五年计划的年增长率分别为9.2%和5.8%。自20世纪80年代中期起，得益于低汇率、低油价和低利率的“三低”有利形势，韩国几乎所有行业都实现了快速增长，人均收入大幅增加，经济指标表现出色。到20世纪90年代中期，有了丰厚资本和足够信心的三星、LG电子、现代汽车等韩国大企业开始大规模投资电子、机械和汽车行业，不仅增设工厂，还大量投资于研发。因此在1997年年底亚洲金融危机爆发之后，依靠积累的底气，韩国经济迅速恢复常态，走上正轨[72]。

进入21世纪后，韩国政府开始注重发展高端制造业。金大中政府制定了“2010年产业进入世界四强”的发展目标及促进战略，重点扶持和培育造船等8个主力产业、电子等5个未来产业、商业服务等4个知识型服务业。之后，卢武铉政府明确提出集中国家力量，发展十大新引擎产业。政府加强组织保障，扩充人力资源，加大科技研发投入，调动民营企业积极性。之后，“绿色增长”“创意经济”和“第四次工业革命”成为各届继任政府的口号。文在寅上任之后，受出口高速增长、积极的财政政策等因素影响，韩国经济景气回升，2017年经济增速重上3%的台阶，达到3.1%，经济呈缓慢复苏迹象。2021年，韩国GDP达到1.79万亿美元，人均GDP达到35000美元（见图3-7）。

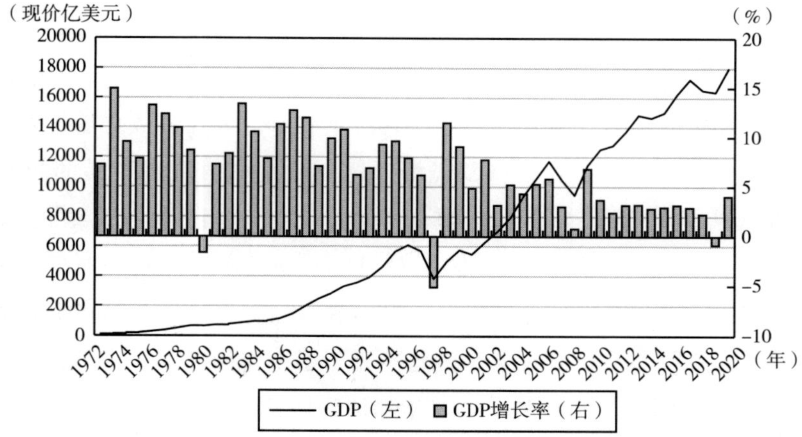

图3-7 韩国历年GDP及增长率

资料来源：世界银行数据库。

（五）蒙古国：矿产资源丰富，经济增长前景较好

蒙古国位于蒙古高原，是世界第二大内陆国家。蒙古国地广人稀，资源丰富，其国土面积的80%都覆盖着茫茫草原，迄今保留着逐水草而居的顺应大自然的游牧生活方式，是世界少有的畜牧业国家，数百年以来畜牧业是其经济的基础。同时，蒙古国矿产资源丰富，初步估计拥有1.3万亿美元的矿产资源[73]，煤炭、铜、黄金等矿产品储量居世界前列。

1921年“人民革命胜利”前的蒙古国经济，是僧俗封建主统治下的单一游牧经济，主要生产资料——土地属于封建王公贵族和喇嘛寺院所有。游牧养畜业是主要经济部门，从事畜牧业的人口占总人口的90%。当时的蒙古国几乎没有种植业、工业、银行和交通运输业。1921年蒙古国“独立”之后，废除了封建牧奴制，终结封建生产关系，政府将土地、牧场收归国有，废除一切外国商号和高利贷者的债务，并建立了一批工厂、运输机构、国营农牧场等。从此，蒙古国在单一畜牧业经济的基础上，逐步发展起种植业、工业、运输业、建筑业等多种经济部门，并形成了工人、职员阶级。

从1948年开始，蒙古国进入了有计划的经济建设时期。截至1990年，已经完成了8个五年计划和1个三年计划（见表3-11）。

表3-11　　1948—1990年蒙古国主要经济发展政策

时期	主要发展目标
1948—1952年	在充分利用国家内部资源的基础上，大力发展蒙古国的生产力，特别是不断发展其经济基础——畜牧业[74]，主要是发展畜牧业和提高畜产品的生产率
1953—1957年	大规模发展畜牧业，进一步发展国民经济各个部门，使社会主义成分不断增长，在计划经济体制下，发展国有经济，限制私营部门的发展
1958—1960年	大规模开展农牧业集体化运动
1961—1965年	发展工业，把蒙古国建成“农牧业—工业国”
1966—1970年	发展重点仍然是工业，试图实现把“农牧业—工业国”建成为“工业—农牧业国”的计划
1971—1975年	吸取前一年的教训，在本五年将经济发展的重点重新由工业转到畜牧业，主要是为了摆脱畜牧业长期落后的困境
1976—1980年	把经济建设的重点由畜牧业转到工业，特别是采矿业、地质勘探业和燃料动力工业等三项工业领域上

续表

时期	主要发展目标
1981—1985 年	继续完善经济结构，加快工业化进程，尤其要以更快的速度发展燃料、动力、矿山和建筑材料的任务
1986—1990 年	国民收入增长 26%—29%，工业总产值增长 30%—34%，农牧业总产值年平均比上一个五年增长 18%—20%，居民现金收入增加 20%—23%

经过上述 8 个五年计划建设，蒙古国工业在国民经济中所占的比重不断提高，远远超过农牧业产值。此后，随着苏联解体、东欧剧变，蒙古国进行了民主化改革，向多党议会制和市场经济体制转轨，在所有制、价格、贸易自由化、金融、财政等多个方面进行改革。

进入 21 世纪以来，蒙古国依托其丰富的自然资源，实行“矿业兴国”战略，于是采矿业成为蒙古国经济的引擎，并带动了其他行业的迅速发展，是经济增长最快的国家之一。2018 年，蒙古国进一步提出了发展经济的“三个支柱发展策略”，进一步改变经济单一的状况。

从未来发展看，蒙古国经济发展潜力巨大。蒙古国拥有大量的矿产、农牧产业以及旅游业资源，特别是政府及时调整了适合本国国情的经济政策，加上其特殊的地理位置，蒙古国可以从更紧密的区域一体化中受益，尤其是中国“一带一路”与蒙古国“发展之路”倡议对接合作的框架内，将会推动其基础设施建设——公路、铁路、能源等。连接中蒙俄铁路、公路、石油、电力、天然气的五大通道（蒙古国原“草原之路”计划），对于蒙古国的繁荣发展具有重要意义。

（六）朝鲜：经济增长驱动力弱，计划经济与市场经济并存

朝鲜经济制度建立在社会主义生产关系和自立的民族经济基础之上。朝鲜国内的全部自然资源、铁道、航空、邮政，以及主要工矿、港口、银行都属于国家，它必须优先维持和完善在国家经济建设中起着主导作用的社会主义国民所有制。土地、农业机械、车船和小型工业都可以归属于社会团体和合作社所有，但国家必须保护社会团体和合作社的集体所有制。朝鲜坚持社会主义自立民族经济建设路线，把国民经济发展成高度发达的主体经济，奠定与社会主义社会相适应的物质技术基础[75]。

朝鲜的体制是依照国家规划，调解经济社会活动的社会主义国民经济计划体制，国内都依照社会主义市场经济发展规律编制和实施了国民经济发展计划，以进一步提高生产积累与消费的合理比重，推动社会主义国民经济建立，进一步改善人民生活技术水平，增强国家军事能力。朝鲜实施了计划经济的一元化和细部化调整，以确保工业生产的平衡、高速蓬勃发展和社会主义国民经济的按比例蓬勃发展。在经济发展中的资源配置方面，金日成时代在“军事与经济并进”的路线下优先发展了重工业，金正日时代在“先军计划”路线下优先发展了国防工业，同时发展了轻工业和农业。金正恩时代自 2013 年 3 月起实施了“经济和核武力”并进发展的路线，并且自 2018 年 4 月起转变思路，采取了“集中一切力量进行社会主义经济建设”的新战略路线。

1945 年解放以前，朝鲜是经济落后的殖民地半封建农业国家，1946 年后建立了自立的社会主义经济制度（见表 3 - 12、表 3 - 13）。解放以后至目前的朝鲜经济发展，经历了无数次国内外经济和社会、政治环境跌宕起伏的变化，其经济政策的制定及实施方向也呈现不同的时代特征。总体来看，我们可以把朝鲜经济的时代发展进程划分成四个时期，即建立社会主义自由经济制度时期（1945—1960 年），实现社会主义工业化且人民生活水平快速提高时期（1961—1986 年），经济发展面临多重难关且艰难恢复时期（1987—2011 年），金正恩时代经济走出低谷步入正常发展轨道时期（2012 年至今）。

表 3 - 12　　1990—1998 年朝鲜经济运行情况　　单位：%

年份	1990	1991	1992	1993	1994	1995	1996	1997	1998
实际经济增长率	-4.3	-4.4	-7.1	-4.5	-2.1	-4.4	-3.4	-6.5	-0.9

注：1. 经济增长率以 1995 年的价格为基准，进行计算。

2. 目前，提供 1990 年以后朝鲜经济相关统计数据的主要机构为韩国银行，但是对其数据的合理性有一些争议。不过多数学者认为发展趋势的把握上有一定的借鉴意义。

资料来源：韩国银行统计数据。

表 3 - 13　　1999—2011 年朝鲜经济情况　　单位：%

年份	1999	2000	2001	2002	2003	2004	2005
经济增速	6.1	0.4	3.8	1.2	1.8	2.1	3.8
年份	2006	2007	2008	2009	2010	2011	
经济增速	-1.0	-1.2	3.1	-0.9	-0.5	0.8	

资料来源：韩国银行统计数据。

二、东北亚经济合作概况

（一）东北亚经济合作条件

东北亚区域的经济合作，最初是在20世纪80年代中期出现的。当时，中国和韩国已先后提出了环黄海和环渤海地区经济联合的建议，而真正落在实处的只有图们江下游的经济开发。图们江区域的合作伙伴包括中国、日本、韩国、俄罗斯西伯利亚区域，该区域当时引起了UNDP（联合国国际发展署）的关注。UNDP除在经费方面予以必要保障之外，也积极推动与协作各方间的交往和联系。但即便如此，出于各种因素，图们江区域的发展合作仍只停留在包括铁路和其他一些基础设施建设方面的联合规划上，并未能形成自由贸易区。

不管是从历史原因还是从文化原因上考察，东北亚地区的经贸交流都具有了诸多优势，主要体现在如下几个方面。

1. 地理和文化上的邻近

中国东北地区毗邻日本、韩国、朝鲜、俄罗斯、蒙古国等东北亚国家，也是东北亚经济社会交流的中心。由于地理上的邻近，东北亚各国在历史和文化方面有着深厚的渊源，东北亚地区文化联系紧密，大部分地区还是汉字文化圈。比如，日本从公元5世纪就开始把汉字作为表间符号来书写日语，很多典籍、史书和诗歌都用汉字书写。1945年朝鲜半岛光复后数十年仍使用汉字书写朝鲜语，2000年后韩国政府正式宣布恢复汉字使用。儒家文化也是东北亚地区的地域文化主体，朝鲜、韩国、日本、蒙古国至今仍然在礼仪文化、家庭教育文化、餐桌文化等方面深受儒家文化的影响[76]。因此从文化认同、经济发展与国家间关系而言，东北亚地区事实上是一个文化经济共同体[77]。因此，东北亚各国在各方面都具有一定的合作的基础。

2. 生产要素禀赋的互补性

东北亚地区各国之间的优势互补，是该区域经济合作的一种优良形式。以中、日、韩三国为例，三国分别代表着国家经济与社会发展的三种阶段。我国目前仍处在国民经济的高速成长与工业化时期，国民经济与产业结构迫切需要转变。日本经济已进入后工业化时期，而韩国经济也已加入了发达国家序列，经济实力强劲。从产品要素的补充角度来看，我国拥有发展潜力很大的土地资源与大量的人口优势资源，并具有丰富的国内外资金与科技、原材料等资源；日本拥有世界领先的生产技术与工艺，但现阶段最紧迫的问题是为其工业寻求消费市场，尤其在新能源、新材料和资源环境等范围内能够创造领先的生产工艺，对区域环境与能源安全方面作出重要贡献，并获得更广阔的国际市场；而韩国则在信息通信、航空、车辆等电子制造业和化工技术领域具有比较优势。

在国际贸易交流方面，“中国在贸易市场占比的提高从一定意义上反映了中国在向着较为成熟的亚洲发达国家所转移的这样一个长远发展趋势，而这些发达国家则转为更高价值的产品生产”[78]。我国在区域制造业生产分配中开始替代日本、韩国等较成熟经济体所转移的制造业生产，如今绝大多数亚洲制造商的生产环节的最后装配在我国完成。

我国和世界其他区域各国之间存在着良性的资本互动关系。日本和韩国可以利用从国际贸易中引进的高级外商投资科技、授权等其他手段，或通过直接对外资本给我国，推动科技转移以绕开专利所有权的问题，以此来降低生产的成本。有研究资料表明，我国对外直接投资（FDI）的进入和其他东亚国家的FDI进入呈正相关关系，我国经济每增长约10%，相关国家就能增长2%—3%[79]。也有学者关注了更正面的“中国效应”：“我国融入区域制造互联网网络为东亚其他发展中国家提供了零件制造和最后装配的技术专业化的新机会。”[80]

由于高度互补的产业禀赋，在区域产业结构调节和国民经济的稳定增长进程中，随着中国企业的强劲成长和国际市场的不断扩大，不仅使日本摆脱了连续十年以上的宏观经济低迷，而且使韩国企业能够受到连年的对华贸易顺差的外溢效应的益处。在经济危机肆虐的今天，中国经济引擎的推动作用将使区域各国能够避免出现重大的经济衰退。

东北亚地区与市场禀赋紧密结合的另一应用领域则是在俄罗斯远东以及东西伯利亚地区的能源发展上。虽然俄罗斯在该区域拥有大量的石油资源，但通过开采和进一步地加工进入国际市场却需要巨大的资金投入和技术合作。中、俄、日、韩等东北亚地区及邻近国家在能量供给源的资本、科技、技术研发和市场协作将有效提高企业的能源安全，从而达到合作共赢。

3. 交通大通道基本打通

当前，东北亚区域各方间正积极寻求更加深入的交流。由于东北亚区域各方间贸易的快速增长，以及区域间国际贸易的增多，对形成陆—海—空立体化交通网络的需要也与日俱增。目前东北亚区域的海上运输航线较为完备。目前，已开通了莫斯科地铁—北京—平南、满洲里—后贝尔加斯克（俄）国际铁路运输，珲春—扎鲁比诺（俄）公路、珲春—罗津港（朝）公路，扎鲁比诺（俄）、波谢特（俄）、罗津（朝）—束草（韩）、釜山（韩）、秋田（日）、新潟（日）等13个国外的海上运输道路。在航空领域，已开通了中国东北三省许多大中城市与东北亚地区各地的重要港口间的国际航线。世界上25家主要航空公司中，共有8家集中于东北亚范围内，包括了韩国仁川机场、日本成田机场、日本东京机场和已进行改造的中国长春龙嘉机场，均能为东北亚范围的企业合作提供空中支持。而与此同时，朝韩问题的逐步改善，让我国在朝鲜半岛的陆上运输恢复出现了转机。

4. 双边、多边合作蓬勃发展

东北亚地区双边合作的开发，为东北亚地区的多边经贸合作建立了良好的平台，地区间经贸合作也呈现出了双边和多边经济合作并行发展的良好态势。

基于彼此邻近的地理位置优势和对工业生产要素的优势互补，目前东北亚三国之间的国际贸易数量和产品技术均处于高位。同时，我国是韩国、日本的第一大贸易伙伴，而日本则是韩国的第二大贸易伙伴。三国在未来仍需更进一步的经贸融合和自由化合作，有学者认为："中日韩三边自由贸易协定（FTA）（CJKFTA）或是三个双边FTA的建成是东亚自贸区（EAFTA）建成的先决条件。一旦CJKFTA（或至少一个双边FTA）建成，就可以与'10+1'FTAs以'安全'、'协调'为原则的各种机制联系起来，并为'10+3'成为官方的制度协议打下扎实根基。"[81]

为了推动经贸发展，并增加国际自由贸易的发展，东北亚地区各国在区域内部积极进行经济的国际自由贸易区谈判，其中，日韩中已成为东亚各国国际自由贸易体制中的三中心，尽管彼此的国际自由贸易区协议或正在进行讨论，或正在漫长的磋商阶段中，但其各自和东南亚各国、东盟等区域经济体所制定、达成或正在协商中的自由贸易协定/经济合作协定（FTA/EPA）协议几乎涵盖了全部东亚各国[82]，以促进区域经济融合和经贸发展。

对俄罗斯来说，为了提高其资源对外贸易水平，并提高在亚太地区市场上的占有率，其也将不断加强同中日韩等国家的对外贸易和经济合作关系，如谋求通过共建石油管线等手段，与中国、日本等国合作，扩大同亚太地区其他大国的资源交易，从而重振其在亚太地区的经济实力。我们预测，以能源资源贸易为主要目标的国际贸易方式在资源短缺的东北亚地区会出现并大行其道，未来俄罗斯和东北亚地区各国的贸易额将出现巨大改善。而蒙古国的煤、铜等资源也将在区域贸易往来合作中占有重要地位。

5. 以经促政的合作趋势明显

由于世界经济市场体制的日趋完善，资金、人才、技术和其他要素的自由流动已经达到了较高水准，在这个历史背景下，原来的通过武力、扩大土地等手段获得自然资源和企业利润的模式，开始让位于利用国际化潮流，谋求工业发展和技术的领先，以及利用技术竞争获得企业战略优势和利润的新型的经济贸易互动形式。在后冷战时期，各国更加偏向于利用和平手段获取必要的发展资金，从而获得富裕与繁荣。

从东北亚地区的角度来看，该区域也是经济上互补程度最大的区域之一，是全球经济中最具生命力的区域，也是全球上整体经济能力最强的区域。由于没有采取必要的政治形式组织该区域以形成集体优势，不但影响了东北亚能力的发展，而且降低了该区域在全球经济政治中的地位和影响[83]。其中一个主要因素就是该区域目前还未能打破政治纷争的“霍布斯”状态，并构建起基本的政治互信。

在这些情况下，东北亚地区各方均有以发展经济贸易为契合点，从而改变地方政治发展状况的共同愿望，发展政策上尽量用经济贸易取代政治博弈，因此以经促政的决心与共识更加强烈。虽然以经促政符合东北亚地区国家的经济特征，也符合当今世界政治的发展规律和东北亚地区国家特有的地方政治特征，但现在，在东北亚地区，大国之间长期不稳定的相互依赖关系还没有到达能够形成一方国家压倒性力量的程度，“脆弱性”和“敏感性”还不能使一国对另一国产生巨大影响。另外，在双方经济文化交流上，国家之间应自觉地重视双边经济往来，防止一种不稳定的权力机制的出现，例如俄罗斯在其东西伯利亚至太平洋石油管线建设中，替换直接联系中国的主线而最终选择利用支线向中国输出石油，便是在现实主义理念引导下为减少对中国市场的过度依赖所进行的一种防范措施。

即使在实际中大国之间政治关系仍然处于绝对主导，但受全球化、区域化的全球政治实际的驱使与影响，在具有经济社会结构、产业等相互整合作用的东北亚区域内，在双方政治关系尚无法充分达成信任与密切联系的条件下，区域各方在进一步开展经贸与良好的贸易联系上仍存在着很高的联合愿望，并期待以贸易联合推动政策和解，从而实现区域的共同繁荣与共赢。地缘经济的战略思考终将替代传统地缘政治经济竞争的主流，并形成推动区域经济协同合作与发展的巨大动能。

（二）东北亚经济合作现状

东北亚地区是世界经济的中心之一，近年来，东北亚地区经济总量不断扩大，东北亚各国双边贸易额实现大幅增长，但是趋势略有不同（见图 3 - 8）。2002 年到 2021 年，中日贸易额从 1019 亿美元升至 3714 亿美元，增长了 2.6 倍。虽然在此期间个别年份有小幅下降，但总体呈现快速增长的趋势。中韩贸易额增长更为迅速，从 2002 年的 441 亿美元增长到 2021 年的 3624 亿美元，增长了 7.2 倍。中俄贸易呈现出平稳提升的趋势，从 2002 年的 119 亿美元增长到 2021 年的 1469 亿美元。中蒙贸易在 2002 年到 2021 年期间也成倍速发展。

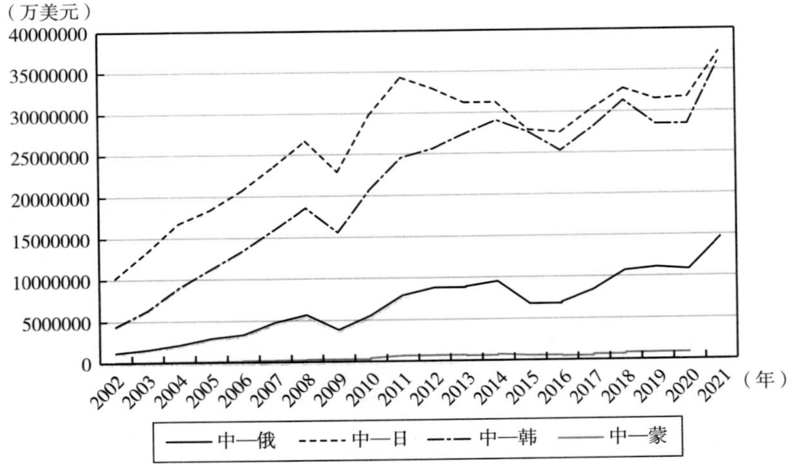

图 3 - 8　2002—2021 年中国与东北亚国家间贸易额

就比重来看，中日韩三国的贸易在东北亚区域内贸易中占绝对主导地位。三国之间经济关系联系紧密，形成开放型、分工型与互补型的产业链，但总地来说，整个东北亚地区经贸关系仍主要依循着两个尺度进行。一是由中央政府或地方政府所推进的对此地区功能性合作，其中包含了图们江开发项目、中蒙俄经贸走廊等。二是地方层面的经贸协作制度建立，主要体现为中日韩三国间的经济协作制度，包含了中日韩自贸区的建立与中韩自贸区建立。

1. 图们江开发项目

1995 年 12 月，中俄朝韩蒙五国代表在联合国总部签订了《关于建设图们江区域发展协同理事会的协议》《图们江地区经济发展及东北亚环境谅解备忘录》，中朝俄三国签订了《关于建立图们江区域发展协同理事会的协议》。这些文件的正式签订，意味着图们江区合作迈进全新的阶段。

此后，中俄两国积极推动该区域合作建设。2007 年 8 月，俄罗斯联邦人民政府审议并通过了《俄罗斯联邦远东与外贝加尔地区经济发展和国际社区市场经济建设 2013 年联邦重点专项实施计划》。2009 年，中共中央办公厅、国务院办公厅先后批复出台了《关于进一步实施中国东北等老产业基地振兴战略的几个建议》以及《中华人民共和国图们江区域开发计划大纲——以长吉图为开发开放先导区》，为我国东北的经济发展提供了最基本的发展基础，使长吉图开放先导区建设和图们江区域的经济发展进一步上升为国家发展策略。同年，中俄两国政府联合出台了《中国东北地区与俄罗斯联邦远东及东西伯利亚地区合作规划纲要（2009—2018 年）》，着力借助双边合作来推动东北亚的前沿领域的发展。

但是，事实上，大图们江区域经济合作的各国参与度都极低，尤其是朝鲜已于 2009 年因故撤出图们江合作机制，也因为没有地方层面的机制化协作，因此大图们江倡议也未能提升为实体形式的地区经济合作组织。

2. 中日韩自贸区建设

2012 年 11 月，在柬埔寨金边举行的东亚领导人系列会谈期间，中国、日本和韩国三国表示将启动中日韩在建设自贸区方面的会谈。截至 2019 年，中日韩自贸区建设谈判已完成了 16 轮。中日韩自贸试验区已建成，不仅可以加强三国的经贸联系、促进各国经济增长，而且可以从理论和实践两个层面加速东北亚贸易一体化进程。

在很大程度上，中日韩自贸区的前景取决于中国市场对日韩两国的吸引力。也就是说，日韩与中国缔结自贸区的经济收益是否足以弥补各国政治领域的分歧。日本和韩国两国国内市场狭小，两国长期增长的实现必然需要因循出口导向型发展战略。如果中国的经济规模持续增大、成功实现结构转型，那么日韩在与中国进行自贸区谈判时的积极性就会增强。如果中国市场不能成为不断扩大的最终消费市场，中日韩自贸区谈判必将停滞不前。由此，严重依赖出口的日韩自然会转向其他合作模式。而利用国内的消费能力支撑本国乃至整个地区的经济增长将是中国推动自贸区建设的动力源泉。鉴于此，中国需要在密切关注其他竞争性贸易协定的同时，更多地着眼于实现自身经济的可持续增长。

3. 中韩自贸区建设

中韩自贸区磋商于2012年5月开始，是目前我国对外协商的涉及区域最广、涉及国别对外贸易额最大的自贸区。2014年11月，中国和韩国签署了一系列双边协作协议，标示着中韩自贸协定的全部达成，中韩自贸区管理工作已进入了根本性开展阶段。至2015年6月《中韩自由贸易协定》的正式签署将对推动东北亚地区经济一体化的进展产生实质性影响。该协议是目前世界上主要经济体间达成的重要程度最高的且效率与水平最高的自贸协议之一。这不但能推动中国和韩国的投资与服务贸易的加快增长，同时对区域国家之间构建更为密切的投资或战略合作伙伴有示范作用，从而推动整个东北亚的自贸区谈判。

4. 中蒙俄经济走廊建设

中国曾在2013年先后提出“丝绸之路经济带”与“21世纪海上丝绸之路”的发展战略设想。2014年8月，在习近平主席访问蒙古国期间，各方商定将双边伙伴关系提升至全面战略伙伴合作关系。同年9月，在上海市举办杜尚别峰会期间，中方提议建立中蒙俄经济社会发展廊道，将“丝绸之路经济带”同俄罗斯“跨欧亚大铁路”、蒙古国倡议的“草原之路”实现高效连接，利用交通运输、物流以及跨境电网的高效连接，打造三国经贸联合的经济社会发展廊道建设。2015年3月，按照中国官方发布的《推动共建丝绸之路经济带和21世纪海上丝绸之路的意愿与行动》，中蒙俄经济发展廊道被列为中国与“一带一路”沿途国家积极规划的六大经济发展廊道之一。同年7月，根据《中蒙俄发展三边协作中期路线图》，中国、俄罗斯和蒙古国签署了《关于编制建设中蒙俄经济发展廊道规划纲要的谅解备忘录》，明确三国联合编制《建设中蒙俄经济发展廊道规划纲要》的总体设计框架和要点具体内容。

中蒙俄经济走廊的合作重点是产业合作，特别是中国与资源出口导向型国家之间的能源合作，并进一步产生示范效应，提升中国与蒙俄在能源方面的合作与经济的融合。中蒙俄经贸走廊，不但把已经成为全球主要制造中心的中国和最终消费市场的欧洲国家连接起来，同时也把主要资源输出国蒙古国和俄罗斯，同中日韩这三个全球主要能源进口国联结起来。对蒙古国这种完全没有出海口的内陆大国来说，其经济发展的最大瓶颈便是如何解决好自己同中国和俄罗斯两个周边国家间的海运道路建设。所以，中蒙俄经贸走廊的建立不仅将促进蒙古国的经贸发展，同时还将通过共建陆路、铁道和海港的跨国道路，极大地便利蒙古国对外部市场的商品出口。

（三）东北亚地区经济合作中存在的阻力

1. 经济阻力

东北亚各地区市场经济发展程度的不同，影响区域合作发展。东北亚地区的经济发展极不均衡，各国发展起点、发展阶段的不同，也使得现阶段东北亚地区诸国的经济发展阶段呈现了明显的梯次结构，在短期内无法形成共同的地区经济发展合作的新标杆。

从发展史上来看，日本是东北亚各国当中第一个完全实现工业化的大国，早在第二次世界大战开始之前日本就已形成了完整的工业体系。虽然在“二战”后一直遭受压制，但日本抓住了朝鲜战争这一机会，通过从欧美国家引进军事产业高新技术，以及发展以出口为导向的经营管理模式，使其迅速恢复了元气，并至20世纪70年代重新成为规模仅次于美国的重要经济实体，步入发达国家阵营。彼时，日本经济发展在东北亚诸国中独树一帜，已成为韩国、中国乃至东南亚各国经济的重要效仿对象，并开创了在大东亚区域内的“雁形经济发展”模式。

朝鲜半岛在第二次世界大战以后被一分为二。20 世纪 50 年代初期，朝韩双方开始了惨烈的朝鲜战争，东北亚区域内各方均在不同程度上卷入其中。虽然韩国已于 1945 年脱离日本的殖民统治，却经过了朝鲜战争，并利用了十多年时间弥补战争所带来的影响。从 1973 年开始，时任韩国总统的朴正熙宣布实施产业改造。一方面，全力发展以汽车、钢铁、电器为代表的先进技术集约型产业；另一方面，又认真学习了日本的成功经验，努力开发出口型市场经济，最终在短时间内就实现了欧美耗力近百年进行的工业结构调整，并创下了“汉江奇迹”。在经济上取得的巨大成就也使韩国获得“亚洲四小龙”之称。在半岛北部的朝鲜则在当时苏联和中国的扶持下，一直实行计划经济至今。

我国经过了百余年的半封建半殖民地时代，经济基础已经相当脆弱。中华人民共和国成立后，特别是改革开放四十多年来，国民经济发展以及其他各项工作都取得了让人注目的光辉成绩。而地处东北亚中央范围内的辽宁省、吉林省和黑龙江省三省，作为社会主义新中国经济事业的重要摇篮和全国最主要的工业和农产品制造基地，具有若干关乎社会主义国民经济重要命脉和国家经济安全性的战略性产业，在资金、人员和设施等领域的保障实力也很强。自 2003 年《有关落实东北等老工业基地振兴策略的若干意见》提出以后，中国政府就制定了实行重振东北的重大规划和有关政策，给我国工业结构调整带来了新契机，也使老工业区重新焕发出了生命力。自老工业基地振兴政策实行后，辽宁、吉林和黑龙江的经济发展水平明显提高，并逐渐缩小了与全国其他地区的经济差距。对于如何把东北振兴规划和东北亚地方经济协作相结合，2016 年发布的《中共中央 国务院有关全面振兴东北地区等旧工业基础的几个建议》中明确了方针，指出：“积极融合、积极参与‘一带一路’的发展规划。协调促进双方发展战略信任、经济交流、人文交流，继续健全与其他地方基础建设的互联交流，致力于把我国东北地区打造成我国向北开放的重要开放门户都市和与东北亚区域性协调的重要核心节点。”具体而言，就是要“促进丝绸之路经济带建设和中国欧亚发展联盟、大蒙古国草原之路战略的衔接，积极推动中蒙俄国际投资通道的构建，积极做好中国东北地区振兴和俄罗斯远东发展战略衔接，积极加强与毗邻区域协作，以推动中韩自贸区的建立为契机，在合适领域打造中韩国际投资示范区，积极推动共建中日投资合作与新经济贸易发展模式”。

俄罗斯的远东区域，包含了萨哈人民共和国、楚科奇族自治州、沿海边疆区和哈巴罗夫斯克边疆区等行政单元，国土广袤，物资资源丰富。不过，因为远离全国政治经济、文化中心，当地能源的使用率也不高，因此工业总产值的增长速度并不如全俄平均水平。另外，在远东区域最亟须解决的问题之一，就是人口严重不足。有鉴于此，2015 年 1 月俄罗斯总统普京在全国政府经济发展大会上提到了“远东国土无偿配送计划”：预备把价值无数的远东地区国土无偿发送给每一个本国公民，每次一公顷，但要求必须有俄罗斯国籍，同时需要有关于如何使用所获得国土的十年规划细则，要有资信保证。俄罗斯是希望借此机会吸纳周边国家的人力资源。

作为东北亚地区六个国家中唯一的一个内陆国，蒙古国长期将畜牧业和矿产业作为经济的支柱产业，其综合开发难度很大。近代以来，蒙古国经济一直依赖着来自苏联的各种帮助。苏联解体以后，蒙古国国内发生过两次重大的经济衰退，加之产业结构的畸化，抑制了蒙古国经济的健康增长。特别是蒙古国大量增加外债，很有可能导致主权外债风险。

从总体上来看，虽然俄罗斯远东地区、朝鲜和蒙古国在经济社会建设方面都有着各自的优点与特色，但相较人口和国内生产总值均处于全球前列的中日韩三国却略显单薄。就是因为东北亚各自的起源、历史轨迹存在不同，导致范围内贸易发展的失调，造成各方之间签订平等贸易协定的商谈举步维艰。

2. 历史阻力

在人类历史的长河中，汉、满、达斡尔、鄂伦春、大和、高丽，以及俄罗斯等十多个民族一起生存在东北亚地区这片辽阔的国土上。在悠久的历史长河中，各个民族或大国难免会产生芥蒂和嫌隙，人民也产生了隔阂。日本自丰臣秀吉时期掀起的各种海外扩张斗争、冷战及其各种边界冲突，更是给区域内各国人民带来了无法抚慰的历史创伤，也成为深远影响东北亚地区合作发展的主要原因之一。

近年来，虽然东北亚地区各界对进一步发展外商投资交易、建设自贸区具有广泛共识，但仍存在不同的担心，尤其是受固有经济政策、经济社会因素的干扰明显。以日本政府为例，从 19 世纪开始，日本政府内部的各派力量关于“脱欧入亚”和“脱亚入欧”两种路线的分歧从未停止，到底是向着亚洲的方向前进，还是投向欧美的怀抱，使日本政府举棋不定。这一点也反映到了东北亚地区的国家统一问题上，即日本当局一直对建立“东亚共同体”踯躅不定。2009 年，时任日本首相的鸠山由纪夫接受了宫泽喜一的接力棒，在第二届中日朝韩领导人大会上明确提出了建立“东亚共同体”的设想，此举应该被看作日本政府积极向亚洲大陆靠拢，希望作为推进东亚共同体的主导力量，是“脱欧入亚”的重要举措。但是，一旦政府换届，或与周围邻国间因历史问题而关系逐渐紧张，日方关于成立东亚同盟的心态便暧昧起来，并转而倒向美方，甘愿一直扮演美国“小兄弟”的身份。所以，虽然日本政府部门是东北亚地区经济一体化的主要倡导者之一，但其对积极参与东北亚地区经济一体化协作的政策措施却心存疑虑。

3. 外部阻力

东北亚地区由于处在大西洋西北岸，交通运输方便，水、陆运输四通八达，以中日韩为主体的地区内各国，也通过各种方式同东北亚地区以外的国家和国际机构保持着密切的政治、经贸关系，并缔结包括 FTA 在内的多种协议。但东北亚区域经济合作还面临着来自域外国家和组织的一些阻力。主要为来自美国方面和东南亚国家联盟的阻力。

从地理区位上来看，由于美国和东北亚远隔重洋，因此并不是东北亚地区的区域性大国。但是，特殊的历史渊源也使美国在东北亚地区长期成为一个并非东北亚区域大国，而胜似大国的特殊存在。在第二次世界大战开始以前，美国和东北亚地区的关系一直甚为淡漠，其在亚洲的海外殖民地和势力范围大多是在美西战役中取得的，特别是东南亚地区的菲律宾群岛。在第二次世界大战结束后，东北亚区域成为美、苏两大意识形态对立的最前沿战场，这也使得美国军队把控制东北亚区域作为其称霸印度洋战略、牵制苏联南下战略的关键环节。以朝鲜战役为开端，美国军队一直驻守在韩国，并连同驻日部队一同组成了扼守第一岛链的主要军事力量。在这个前提下，如果中、日、韩、俄罗斯等东北亚大国进一步强化相互之间的在政治、经贸和安全等方面的互信协作，这就会质疑美军长期在日本、韩国地区驻军的必要性、合理性，必将显著降低美军在这些领域的综合竞争力，损害美国全球战略。因此，美国政府在与日韩的政治、经贸等领域加强紧密协作的同时，也在东北亚区域制造紧张气氛，意图把日韩两国军队牢牢绑缚在本国的战车身上，并常年驻守于此。出于这些因素，美国不愿意看到东北亚地区形成一种将其排斥出来的联合组织，也会在未来继续阻挠东北亚地区进一步合作的加深。

东南亚国家联盟是当下亚洲地区最成功的国家、国际经贸协会，长期以来凭借位于该地区有利的地域优势，广泛开展了同中国、日本、印度等世界大国之间的经济交往，并赢得了良好的社会和政治效果。东盟和中亚三国（中、日、韩）在政治、经贸以及文化交流等各方面的关系都十分紧密。在双方漫长的相互信任的合作进程中，东盟与中国、日本、韩国已经联合建立了与13国定期见面的“10+3”会议制度。但是，假如中日韩转而同蒙古国、朝鲜以及俄罗斯联邦合作建立新的自由贸易区，从而形成地区经济统一组织，东盟又将抱以什么态度呢？在这一议题上，东盟的立场颇为暧昧。因为东北亚地区内的中国、韩国分别采取与东南亚同盟各国颇为类似的外向型经济增长模式，双方在服装纺织产品、机械产品等方面的贸易趋同水平也不断攀升。当东北亚地区的经济一体化形成以后，已经形成合力的各国必将和东南亚同盟争抢全球资金与市场，从而引发亚洲地区东部两大发展主体之间的激烈争夺。有鉴于此，东盟各方对东北亚地区的协作势必不能乐见其成，而是试图通过完善自身与在中日韩三国间的“10+3”合作关系，以推动13国在各方面的协作，从而迟滞、延宕东北亚地区的一体化发展，以削弱潜在的竞争者[84]。

（四）东北亚地区经济合作新趋势

1. 中蒙俄经济走廊助推东北亚区域经济合作

国家主席习近平2014年9月11日在出席中蒙俄三国元首会晤时提出共建丝绸之路经济带倡议，获得俄方和蒙方积极响应。三国的国家发展战略高度契合，而中蒙俄经济走廊建设可以促进丝绸之路经济带与俄罗斯、蒙古国两国国家层面的发展战略相对接。该倡议提出后，中蒙俄三国间经济合作发展迅速。三国之间两两贸易额迅速增加，占各国贸易总额的比重也呈现出整体上升的趋势（见表3-14）。

表 3-14　　中蒙俄双边贸易额占各国贸易总额比重　　单位：%

年份	中俄贸易占中国贸易比重	中俄贸易占俄罗斯贸易比重	中蒙贸易占中国贸易比重	中蒙贸易占蒙古国贸易比重	蒙俄贸易占俄罗斯贸易比重	蒙俄贸易占蒙古国贸易比重
2002	1.92	8.71	0.06	31.77	0.16	19.49
2003	1.85	11.12	0.05	38.41	0.18	22.01
2004	1.84	13.88	0.06	57.68	0.18	23.26
2005	2.05	15.24	0.06	63.09	0.17	23.48
2006	1.90	12.98	0.09	85.88	0.15	20.91
2007	2.21	14.16	0.09	91.20	0.14	20.89
2008	2.22	12.95	0.09	82.49	0.12	17.90
2009	1.76	7.02	0.11	62.41	0.12	17.39
2010	1.87	7.56	0.13	70.49	0.16	20.59
2011	2.18	16.77	0.18	162.36	0.15	18.10
2012	2.28	14.09	0.17	110.41	0.16	16.99
2013	2.15	10.84	0.14	51.63	0.19	13.64
2014	2.21	11.33	0.17	65.26	0.23	17.08
2015	1.72	8.08	0.14	50.31	0.19	15.12
2016	1.89	8.87	0.13	41.66	0.19	13.56
2017	2.05	15.99	0.16	74.86	0.22	13.57

资料来源：国家统计局。

在东北亚地区的六个国家中，中蒙俄占据其中三席，中蒙俄经济走廊建设无疑将为东北亚区域经济一体化的建设提供源源不竭的动力。在中蒙俄三国经济面临下行压力的情况下，在丝绸之路经济带框架下推进中蒙俄经济走廊建设，进而促进东北亚地区区域经济合作的必要性凸显。

2. 北极航线开通扩大东北亚区域经济合作潜力与空间

东北亚地区临近北极航线，北极航线的开发对联通东北亚地区的经济合作意义重大。总地来看，北极航线的开发对东北亚产生如下积极影响：（1）北极航线的开发对东北亚最直接的影响就是大大缩短中日韩部分港口与欧洲特别是北欧和西欧港口之间的航行距离，节约运输时间成本，降低运输风险。通过利用北方航路，促进东北亚地区各国航路的多样化，以减轻原海上航路的货运压力，提高东北亚地区间货物运输流动的速度（见表3－15）。(2) 积极参与对北极能源和资源的合理开采和使用，实现东北亚地区各国油气能源进口多样化。(3) 降低因北极地区权利的争夺而给东北亚区域国际军事安保所造成的影响。(4) 积极推动生态经济的发展，北方航路的开展更加可以推动东北亚区域绿色经济的深入发展。(5) 构建多元联合外交关系，加强国际协作，航路的开辟更加可以增进世界各国之间在经济上和东北亚地区之间的协作和联系。(6) 积极推进有关规定的进一步完善，因为北极地区不属于任何一个大国，而北极地区的市场经济开发也推进了有关政策法规的出台，以保障北方航线和北方地区有关自然资源的顺畅开发。

表3－15　中欧代表性港口传统航线与北冰洋航线里程对比　单位：海里

港口	伦敦	汉堡	特隆赫姆	摩尔曼斯克	安特卫普	鹿特丹
上海	10413A	10729A	11156A	11942A	10473A	10470A
	8046B	7941B	7241B	6497B	8010B	7933B
大连	10841A	11148A	11662A	12438A	10917A	10914A
	8395B	8290B	7590B	6846B	8074B	12429B
符拉迪沃斯托克	11234A	11541A	12055A	12831A	—	—
	7771B	7666B	6966B	6222B	—	—
釜山	10732A	11048A	11475A	12261A	—	—
	7550B	7445B	6745B	6001B	—	—
横滨	11115A	11431A	11858A	12644A		
	7276B	7171B	6471B	5727B		

注：A表示“传统航线（经苏伊士运河）”，B表示北冰洋航线的东北航线，数据根据文献资料整理[85][86]。

北极航道的开辟，东北亚地区主要的受益国家为中国、日本和韩国三国。北方航线的开放使全世界的经贸、政治生活都走向了一个崭新的发展时期，同时对于东北亚地区经济而言更迎来了一个蓬勃发展的崭新时期，因此在积极维护东北亚区域合作的同时，也要共同制定新的措施来维护东北亚经济区域合作的良性增长局面，以迎接来自各方的新考验。

3. 朝鲜半岛局势转圜趋势促进东北亚区域经济合作

2018年伊始，金正恩在新年讲话中提出，奥运会期间朝韩双方将在韩国首尔进行会谈。同年4月27日朝韩元首正式会谈并签订《关于实现半岛和平、繁荣及统一的板门店宣言》；6月12日，朝美两国在新加坡进行首脑会谈并共同签署了《朝美联合声明》。此后，朝韩之间在政治、经贸、文化以及军事等方面进行了深入的交流和协作，朝鲜半岛关系呈现了崭新的发展形势。此间，韩国通过同中国、朝鲜、越南和俄罗斯联邦等国恢复首脑外交关系，进一步扩大了同这些大国之间的双边关系。由此可见，朝鲜半岛形势的转圜已然形成某种态势，在此背景下东北亚地区的关系也将出现新的历史契机。

在朝鲜半岛形势逐步好转的大背景下，该地区从两个层面涌起发展贸易的暗流：一是以朝鲜为投资重点的双边经贸合作局面；二是以欧亚地区一体化为目标的多边地区经济联合迹象。

从2018年初与朝鲜政府进行接触以来，韩国方面就对于发展双边经济合作关系显示出了巨大的热情，其意图建设的经济带主要包括稳定朝鲜半岛局势的能源基础设施建设、朝韩高铁与公路系统的联通，以及稳定朝鲜半岛局势西海岸经济带建设等规划构想。同时朝韩双方还在社会经济等各领域进行了经常性的合作交流。而与此同时，俄罗斯方面也在努力利用发展俄朝经济合作友好关系，来扩大对朝鲜以及半岛地区经济形势的影响。在2012年，俄罗斯政府减免了朝鲜政府90%的外债，还启用了往返朝俄间的“万景峰”号轮船。后来，俄罗斯方面修复了利用铁路把大量煤矿运到朝鲜东北部的罗津港，并出境至第三国市场的建设项目。朝鲜半岛问题形势的变化同时也将促使日本政府重新调整对朝政策，日方意识到进一步发展日朝双方经贸合作关系的必要与迫切性[87]。

在东北亚地区复杂的政府经贸交流领域，在议题为“特别经济区：东北亚区域全面繁荣的新机遇”的第二十三次东北亚区域地方政府首脑大会上，各国地方政府就东北亚区域合作提出了发展“蓝图”。韩国江原道副知事郑万昊提出，在东北亚核心地带围绕着中国的珲春以及俄罗斯联邦滨海边疆区的扎鲁比诺地区建设所谓“联合国际经济区”的自由贸易区，将联合国际经济区延伸至朝鲜的罗先地域，并进一步延伸到韩国的江原道沿海。日本国鸟取县副知事野川聪指出，日方拟在本财年内完成沿俄罗斯联邦西伯利亚大铁路线和俄、日、韩轮渡间的物流试运行，并提出将吉林省列入“符拉迪沃斯托克（俄）—东海（韩）—境港（日本国鸟取县）”的轮渡路线（DBS）。他还指出，为完成 DBS 的试航工作，鸟取县已与中国吉林省进行了相关协作。俄罗斯联邦交通部副部长则指出，俄罗斯联邦同西方国家进行谈判，并就取消对跨朝鲜半岛铁路运输和与西伯利亚大铁道连接项目的投资限制问题展开磋商[88]。

由此可见，在朝鲜半岛形势逐渐转圜的大背景下，东北亚各国已开始重拾发展多边地区经贸合作和推动地区经济一体化的愿望，并相继展开了设计本国的战略畅想和计划。正是由于东北亚各国的这种行为，逐渐促成了在朝鲜半岛形势缓慢调整下的多边地区经济合作趋势。

第四章　东北亚能源合作概况

东北亚地区的中国、日本、韩国均是能源消费大国，都面临着类似的能源安全问题。能源安全主要包括能源供应安全、能源经济安全（即世界市场能源价格波动的幅度被控制在合理的范围内）、能源环境安全等三个方面[49]。从能源供应方面看，东北亚地区的中国、日本、韩国能源紧缺，均为石油、天然气等能源进口大国，对中东地区油气的依赖严重，大部分都要通过海上运输，运输石油线路不安全，均面临着“马六甲困局”。因此，能源安全风险极大，是世界上能源供应最不安全的区域国家。从能源经济安全角度看，对于中日韩等能源进口大国来说，能源经济安全意味着能够获得“合理的能源进口价格”，主要是抑制能源进口价格过高和价格异常波动。对于能源出口大国俄罗斯来说，能源经济安全则意味着获得“合理的能源出口价格”，主要是适当提高能源出口价格以及抑制能源价格的异常波动。当前，石油仍然是世界上最重要的能源，天然气等能源的价格都与石油价格具有很高的关联性，所以，石油价格的稳定对于能源价格的稳定具有格外重要的意义。中东地区的有些石油输出国，出于政治、经济等诸多因素的考虑，出口到东亚的石油价格高于出口到欧美的石油价格。石油的“亚洲溢价”问题提高了从东北亚地区获得资源的价值，也严重影响了东北亚地区的资源发展。随着全球气候变化及生态环境问题的不断涌现，能源环境安全在能源安全中也越来越重要，如何减少人类在生产和使用各类能源过程中造成的环境污染和生态环境破坏是各国都将面临的一个重要问题。这就要求东北亚国家加强在能源领域的合作，采取共同姿态，以保障各国的能源安全。

第一节　东北亚传统能源合作

电力、原油、燃气是现已大量发展并普遍应用的一次性能源，称为传统能源或常规燃料。东北亚各国在传统能源方面的协作，重点是传统能源资源的联合勘查、开采、加工和常规石油输运系统的建立等方面，已经取得了较好的成果。

一、中国—俄罗斯能源合作

中国与俄罗斯为陆上邻国，密切的经济贸易合作关系，使中俄两国能源领域的合作日益深入。由于中国经济社会的发展，对各种资源的需要也日益增长，而俄罗斯东部区域的能源资源丰富，因此发展对其各种资源最丰富的东部区域的能源政策也正值其时，尤其对于供需双方的俄中两国来说，能源政策交流拥有天时地利。

中国与俄罗斯两国之间在能源领域的合作关系历史悠久。早在1950年，中国与苏联就缔结了《中苏友好同盟互助条约》，并签署了为期30年的新疆地区油气生产和加工协议。20世纪50年代，苏联派了数百名专家及工程技术人员来中国帮助建设石油工业。自1950年到1954年，苏联是世界上唯一一个向中国出口石油的国家。苏联解体后，与俄罗斯进行能源领域合作的新阶段开始于20世纪90年代。1992年，时任俄罗斯总统的叶利钦在访问中国期间以及1994年时任中国国家主席江泽民访问莫斯科期间，双方对包括能源在内的相关问题进行了广泛深入的讨论，确定了两国关系为“建设性伙伴关系”。1994年，俄罗斯方面也提出修建从其境内至我国东北的输油管道。1996年，中国和俄罗斯双方代表签订了《中俄关于共同开展电力领域联合的协议书》，油气管道建设继续开展；2001年，中俄两国又签订了《华俄关于共同开展敷设中俄原油管路工程项目可行性研究的总协议书》，初步确定了从俄罗斯安加尔斯克到大庆的输油管道，后来由于他国的介入，“安大线”最终夭折。2005年7月，俄罗斯石油公司与中国石油化工集团公司达成协议，成立合资公司一起进行俄罗斯远东地区的“萨哈林3号”油气田开发项目，其中中国石油化工集团公司占该项目25%的股份。2008年8月，中国石油化工集团公司和俄罗斯石油公司合资成立的“维宁石油股份公司”在“萨哈林3号”合作项目上成功发现了原油和天然气等能源资源。2006年10月16日，中国石油天然气集团公司和俄罗斯石油公司合资组建了“东方能源公司”，该公司主要业务包括勘探开发俄罗斯境内的油田、在俄罗斯设立炼油厂等。2007 年，该公司成功买下了两个伊尔库茨克州的油气田，这两个油气田的石油储量分别为 3000 万吨和 5 亿吨，天然气的储量均达 900 亿立方米[49]。2007 年，中国石油天然气集团公司与俄罗斯石油公司在中国共同出资成立了东方石化（天津）公司，其中，中国石油天然气集团公司在该公司中持有 51% 的股份，俄罗斯石油公司持有 49% 的股份。该公司生产能力为每年生产 1000 万吨成品油，其中，俄罗斯将为该炼油厂每年供应 1000 万—1500 万吨的原油[89]。2009 年，中国和俄罗斯能源谈判代表本着互信互利的原则，签署了《中俄石油领域合作政府间协议》，输油管道建设、原油贸易、资金贷款等一揽子合作协议也随即生效。2009 年 6 月 17 日，时任俄罗斯联邦总统的梅德韦杰夫同时任中国国家主席的胡锦涛签署了联合声明，中俄双方就天然气和煤炭合作、推进双边贸易、投资等合作蓝图以及中方进出口银行向俄罗斯联邦对外贸易银行提出 7 亿元贷款的框架合同等问题签署了谅解备忘录。同日，俄罗斯联邦卢克国际石油公司同中国石油天然气集团有限公司签署了协议，自 2009 年 7 月 1 日至 2010 年 6 月 30 日间，中方将向俄罗斯联邦奈梅茨地区的南胡尔楚比尤储藏中供应约 300 万吨的原油。梅德韦杰夫还利用了一项“特别机制”发表的声明称，俄中双方已签署了总数达到 1000 亿美元的合同，当中包含了 2009 年 4 月签署的中向俄原油及天然气公司借贷 250 亿美元的协议，作为回报中俄将建造从东西伯利亚的泰舍特到靠近中边界的符拉迪沃斯托克的石油输油管道，并从 2010 年到 2031 年每年输出约 2500 万吨原油。而中方还将建设从大庆至符拉迪沃斯托克的输油管道。东西伯利亚—太平洋运输管道将最终连接符拉迪沃斯托克与中国的国内能源网络。俄罗斯联邦于 2014 年出台的《2035 年前俄罗斯能源战略草案》中提出，要增加对亚太地区国家的出口规模，以实现出口商品的多样化。2016 年，俄罗斯向中国出口石油 5250 万吨，中国成为俄罗斯最大的原油出口目的地国，俄罗斯已成为中国第一大原油进口国[90]。2015 年 9 月，俄罗斯总统普京访华期间，俄罗斯石油公司与中国石油化工集团公司签署了尤布切诺—托科姆斯科耶油田、鲁斯科耶油田合作框架协议。该协议使中国石油化工集团公司有权购买东西伯利亚石油天然气公司和秋明石油天然气公司 49% 的股份。2017 年 9 月，俄罗斯石油公司与中国华信能源有限公司签署了一项向中国供应石油的合同，为期 5 年，总量达 6080 万吨[91]。

1994 年，中国和俄罗斯联邦就天然气合作问题进行了磋商。1999 年，双方在有关天然气合作问题上取得了一致。2004 年，中方与俄方正式签署了战略性合作协议，双方商榷了向我国提供气体的供气量和价格等多方面的课题。在 2006 年，中国与俄罗斯双方共同签署了有关通过俄罗斯联邦向我国提供气体的谅解备忘录，通过东线和西线两个管道向我国提供天然气，但双方在气体价格方面并没有达成共识。直到 2014 年，中国才与俄罗斯在上海签订了《中俄东线燃气合作项目备忘录》，签署了总值 4000 亿美元的《中俄东线供气购销协议》，根据合约协议内容，从 2019 年开始，俄罗斯将开始利用东线管网向中国提供燃气，并逐渐增加，最后将在未来 30 年实现年均 380 亿千克的供应水平。2015 年，中俄东线天然气管道中国段正式开工。2017 年 8 月，由中国葛洲坝集团股份公司和中国天然气企业公司合资的，设在俄罗斯阿穆尔州的中国阿穆尔天然气工厂启动兴建。2017 年 12 月，由中俄石油公司合资的重大项目——亚马尔液化天然气（LNG）工程开始投产，该工程也是目前在中国北极点领域实施的规模最大的液化天然气工程。

自 2009 年起，俄罗斯开始向中国出口煤炭，中俄之间的煤炭合作正式拉开帷幕。2010 年 9 月，中国和俄罗斯双方在俄罗斯的布拉戈维申斯克签订了一份 60 亿元的“石油换贷款”合同，融资资金将用来支持中国的远东区域矿产再生能源开发工程，建设煤炭运输管线，购置新矿业开采设施等，并在未来 25 年内加大对中国的电力供给。具体内容为：前 5 年，中国每年要从俄罗斯共计进口 1500 万吨煤，在以后的 20 年间，进口商品量还将扩大至年均 2000 万吨。2014 年 9 月 4 日，中国神华集团和中国技术公司在京签订了关于开发俄罗斯远东地区与阿穆尔区域煤田的合作备忘录，将开发俄罗斯西伯利亚与远东区域的煤炭资源，开发工业技术和基础设施，建造新发电设备和可直接向中国输出电能的高压输电网络。2017 年 12 月 1 日，由我国北京市中琨集霖有限公司和俄罗斯联邦的后贝加尔经济发展集团股份有限公司，在赤塔市联合组建了项目联合建设企业——中国后贝加尔煤化工有限责任公司，该项目地处后贝加尔额尔古纳市和中国边境的连接处，项目总投资额经估算为约 230 亿元人民币，总建筑面积约为 87.7 平方千米，煤总储量为约 5.5 亿吨。我国与俄罗斯的煤化工办作项目的建立，促进了中俄双方煤炭资源的战略性合作。

中俄双方的战略资源合作伙伴关系具有得天独厚的资源优势，双方将在投资项目、资源开发、交通运输、加工生产等上下游方面展开广泛的合作，产生巨大的经济效益，有着广阔的合作空间和前景。在“一带一路”倡议提出以后，中俄能源合作越发频繁、更加深入。“冰上丝绸之路”建设更是为中俄在北极地区进行能源合作展开了新图景。

二、中国—日本能源合作，日本—俄罗斯能源合作

日本由于国内能源资源匮乏，能源安全形势紧迫，但希望通过输出资金及先进的能源开发利用技术等能源要素，加强与中国、俄罗斯等国的合作。2006年，日本发布了《新国家能源战略》，强调“亚洲能源与环境合作”为其核心政策目标，将中俄两国视作“能源保护合作的最重要国家”。

（一）中国—日本能源合作

从中日双边能源合作发展来看，在1972年以前，两国能源之间的关系仅限于中国向日本出口少量的煤炭。1972年以后，两国能源的直接贸易逐渐发展起来。1978年2月，中国与日本签订了长期贸易协议。根据协议，中国主要对日本出口原油、煤炭等能源物资。从中国大庆油田于1973年向日本提供了100万吨原油开始，我国对日本的输出原油规模逐渐扩大，至1992年，我国已对日本输出原油超过1.28亿吨。日本对中国的能源贷款始于1978年。1978年和1984年，日本分别向中国提供4200亿日元、5800亿日元的贷款，用于开发油田和煤矿。1992年，日本又向中国提供了7000亿日元的贷款，用于开发14个中国的陆上油田；另外提供了4900亿日元贷款，用于中国4个海上油田的开发[92]。1979年12月，中国中油天然气勘探开发有限公司首先和日本油气公团签署了协议书，合资勘查开发中国渤海以南和以西的海域原油和天然气。根据协议，由日方筹措勘探资金，开发资金中方投资51%，日方投资49%。1983年9月5日，中国海洋石油公司与日本国油气公团、出光油气开采有限公司就我国南部近海大陆架勘探开发权问题签署了认可合同。1983年10月29日，我国海上油田集团和日本国油气公团就合作发展我国的南海大陆架油田问题签订协议。1986年12月5日，中日合资的石油勘探公司在珠江口开

始钻探。1993 年，中国与日本还签署了合作开发塔里木油田的具体协议。1993 年，中国成为石油纯进口国，中国对外能源战略的调整改变了中日能源关系的结构。

目前，我国和日本两国政府之间已经建成了相对完善的交流体系，比如中日能源部长级的交流平台等。2006 年 12 月，在北京举行首次五国能源部长会议期间，日本政府与中国在节约及环境保护方面上就促进双边互利贸易合作签订了备忘录，并形成了中日促进节能环保商务委员会，开始举办中日节能环保综合论坛等。中日节能环保综合论坛从 2006 年开始到现在已成功举办了十多届，合作成果显著，已就 400 多个合作项目达成一致。2020 年，由于受到新冠疫情的影响，第十四届中日节能环保论坛于 2020 年 12 月 20 日以线上线下相结合的形式进行。在本次研讨会上，中方代表提出希望同日方加强合作，特别是在推进节能环保发展、实施环保技术创新、加强应对气候变化和促进世界与地方的发展等四大领域。来自中日两国的政府部门、公司、协会的 400 余位参会代表还在线上线下展开了交流讨论，达成了 14 项合作项目。中日环保节能论坛，为中日两国企业之间、科研机构之间以及地方政府之间加强合作提供了良好平台。2007 年 4 月 12 日，双方在东京进行了中国政府部门和日本政府部门的首次资源策略洽谈，各方代表围绕着节能、核电、煤炭资源和多边的国际协作等问题交流了看法，并共同指出中日双方的资源交流将是推动我国政府部门和日本国政府部门之间经济关系发展的主要发展点，并签订了《关于加强二民族所在的资源领域合作的联合声明》。中日双方在各自的能源安全策略中均明确提出了资源的多样化、生态环保、大力开发新资源的观点。双方同意在清洁能源技术使用、核电厂的建造和安全运行等未来的可再生能源利用领域中加强协作，并强调将在多边架构下共同提高能源安全水平和再生能源利用的质量。2007 年，中日双方曾倡议并共同资助设立了联合环境基金，以进行节能环境保护合作。2009 年，中日双方又在中国共同开展“二氧化碳地下储存技术”的科技合作，也是日方与中国进行的一次重要的关于清洁环境科技的合作。2008 年 5 月 8 日，新日本石油公司和中国石油集团公司签署协议，共同管理位于日本大阪的 Takaishi 炼油厂，新日本石油公司持股 51%，中国石油集团公司持股 49%[93]。

中日双方在东海石油开采上有竞争，也有合作。中国与日本之间虽然经贸相互依赖、不断增长，但在东海油气田开发上却存在巨大分歧。中方坚持遵循大陆架自然延伸的原则划界，而日方则坚持中间线原则划界。中日双方在东海石油上争议最典型的当属春晓油气田。春晓油气田，是我国在东海大陆架盆地西湖凹陷中开发的一座特大型油气田，地处浙江宁波东南方大约350千米，已勘探的燃气储备达到700亿立方米之上，由中国海洋石油总厂和中石化有限公司共同投资建设。2003年5月，日方认为，由于春晓气田距中日的中间线约5千米，由此对该区域的大面积开发将产生吸聚作用，将导致日方权益遭受侵犯，于是抵制中国政府的单方面行为，并请求中方立即停止发展。中方也不认可所谓“日中中间线”的真实合法性，认定两国在专属经济区的边界应该属于中琉界沟。2003年8月19日，中国海洋石油总公司、中国石油化工集团公司、英国壳牌公司、法国优尼科石化有限公司等五大石化公司，在北京签订了包含宁波春晓油气田内的西湖凹陷作业协议，宣布将共同开发宁波东海的石油资源。2004年6月，由于时任日本国外相的川口顺子认为，中方和日本政府之间应当合理地共同开发东海自然资源，因此2004年7月，日方派遣测量船到所谓的“日中中间线”日方一侧检查自然资源。2005年2月，日方再次呼吁中方暂停对春晓油气田的开发行动，受到中方的抵制。2005年4月，政府同意由民间公司进驻东海开发天然气。至2005年10月，春晓油气田建成，日均处理天然气910万立方米。其间中日双方都试图加强对春晓油气田区域的诉求，因此加剧了争端。2008年6月18日，经过中日两国历时多年、十几轮拉锯式的磋商，双方最终在关于联合钻探和开发东海地区原油和天然气的问题上签订了协议，双方均正式表态并宣布中国在该问题的解决上已经踏出了重要的第一步。合同还表示，在日本遵守中方管理海外企业在中国勘探和开发海洋油气资源领域的有关法律条件的情况下，中方也一直欢迎日方企业在春晓油田天然气项目的相关原油和燃料领域的进一步发展。而针对中方和日方之间在东海划界话题上出现的分歧，中方也一直建议双方采取磋商形式予以化解。

（二）日本—俄罗斯能源合作

日本和俄罗斯因历史遗留问题以及现实的地缘政治关系问题，双边关系的发展多年来并没有取得突破性的进展。但是，日俄两国在“经济先行”的指引下，经贸关系得以迅速发展，其中尤为突出的就是能源领域的合作。作为与日本邻近的能源供应大国，俄罗斯向日本输送石油、天然气等能源资源将会节省大量的运输成本，保障能源资源运输安全，从而提高能源效益。日俄两国地理位置邻近的优越性为两国能源合作打开了方便之门，两国能源合作又为经贸合作的推进提供了直接驱动力。日本、俄罗斯两国在能源领域的合作完全符合两国追求经济利益方面的要求。

1994 年，当俄罗斯首次提出“东西伯利亚—太平洋”（ESPO）输油管道“安大线”以后，日方也积极寻求从俄方向日本进行原油输送的输油管线。在日本的影响下，俄罗斯于 2002 年又提出向日本供应石油，主张修建从安加尔斯克到远东港口纳霍德卡的输油管道——“安纳线”，长 4000 多千米，但最终“安大线”“安纳线”这两条输油管线均受到了俄罗斯联邦资源部门的拒绝。2004 年，俄罗斯就提议建设由东西伯利亚的重要港口城市泰舍特，通向远东地区濒临日本海的重要港湾纳霍德卡的输油管道——“泰纳线”。根据规划，俄罗斯一年要运送约 8000 万吨石油，其中 5000 万吨要先经由输油管道运往纳霍德卡港口，然后途经海路输送运往日本，这对于长期依靠大量输入石油的日本经济而言是非常有利的。此外，日本也参与了重大石油资源的开发项目，比较有特色的就是苏联萨哈林一号工程和萨哈林二号工程。1996 年，日本东京煤气公司、东邦燃气公司、东北电力公司和九州电力公司就与俄罗斯远东地区萨哈林项目签订了至少 20 年的天然气购买合同。其后，日本政府公司也积极寻求和俄罗斯公司的合作。在萨哈林一号项目中，日本国库页岛石油开发有限公司（SODECO）就占有约 30% 的份额，在萨哈林一号项目于 2006 年开始投资后，石油开发量大约为每日 0.63 万吨，天然气生产大约为每日 170 万立方米；在由萨哈林能源有限公司运营的萨哈林二号项目中，日本的三井公司和三菱商事公司分别拥有 12.5% 和 10% 的份额，制造出来的天然气大约有 60% 出口到了日本，从 2008 年开始，每年都会向日本的东京地区供应约 110 万吨天然气。2009 年 5 月，日本“石油能源天然气工业及金属矿物资源机构”与俄罗斯当地的油气企业正式签署了在东西伯利亚地区合作实施大型油田技术开发项目的协议。2009 年 11 月，日本和俄罗斯的企业签订了一项题为“日本对俄罗斯鄂尔库斯科所有企业燃气来源的液化成工序可适用性合作技术研究”的谅解备忘录，将在最短时间内，利用日本石油天然气的液化工艺对俄罗斯鄂尔库斯科和东西伯利亚地区所出产的燃气来源实现最快的商品应用。2009 年，萨哈林二号液化天然气站启动后，日本从俄罗斯进口的液化天然气占日本进口液化天然气的份额逐步提高。2011 年，日俄经过协商，一致同意启动符拉迪沃斯托克液化天然气（LNG）项目，该项目正式投产，每年可向日本出口 500 万吨的 LNG 产品，约占日本年进口 LNG 总量的 7.5%。2013 年，日本与俄罗斯双方的石油开发企业签订合同，按照合同内容，日俄两国都将在俄远东最大城市马加丹地区的鄂霍次克海开发海底油田，而日方也将获得 1/3 的油田股权，日方开始真正投入在俄本国大陆架的石油开发项目。在俄罗斯亚马尔液化天然气项目启动以后，日本也积极寻求参与俄罗斯亚马尔项目的建设，并寻求与亚马尔项目签署贸易协议。在 2016 年时任日本首相安倍晋三提出的“八项对俄经济合作方案”中的能源合作方案中，加强同俄罗斯在核能领域的合作也被放在了重要位置。2016 年，俄罗斯总统普京访问日本时，成功与日本敲定“八项对俄合作经济方案”。

三、中国—韩国能源合作与俄罗斯—韩国能源合作

（一）中国—韩国能源合作

韩国对于和中国建立能源合作关系的意愿一直都很强烈。早在 1999 年，中国和韩国双方就建立了资源合作和环境贸易项目，双方在石油资源勘查、油田天然气发展、煤炭国际贸易等领域进行了富有成效的合作，并获得了良好的成效。近年来，中韩两国在资源领域从资源价值链的上游向下中游以及相关行业的合作逐渐升温。自 2008 年以来，韩国历任总统都对加强中韩能源合作表现出了浓厚的兴趣。2012 年 4 月 10 日，韩国天然气公社（KOGAS）北京办事处正式挂牌开业。韩国天然气公社成为当今世界上最大的液化天然气（LNG）进口商，并计划积极参与我国境内非常规燃气的勘探开采，积极进军我国液化天然气接收站建设和下游市场，促进了韩国和我国天然气公司之间在管道气、天然气生产和供给协调等方面的互利协作。此外，中韩两国还在东北亚中日韩三边协作框架、东亚国家“10+3”合作机制，以及东亚国家峰会、亚太经合组织会议等多个国际多边合作机制中，积极推进不同形式的能源合作。2012

年 5 月，中国石油天然气集团公司、韩国国家石油公区、日本三菱公司抛开了政治压力和经贸争端，与英国壳牌集团企业合作共同开展了英国的 LNG 建设项目，在英国凯提马特共建完全液化天然气厂。2013 年，中方和韩国联合发布了《中韩方面未来共同宣言》，将能源领域的合作视为中韩两国未来经济贸易方面的重要领域。2013 年，中国石油化工集团和韩国 SK 石化株式会社就我国的第一个重大丙烯建设项目——武汉丙烯技术合作项目达成了协议。中韩两国公司基于对该建设项目的共同需求，成立了中韩石化合资公司，并在 2014 年正式投入运营。2015 年 2 月 10 日，中国海洋石油总公司和韩国 SK 创新公司成功签署了一份关于中国南海的两个海上区块的产量分成合同。2017 年 12 月 13 日，中国世界能源网络建设总协调机构、中国国家电网有限公司与韩国电能公社在北京中韩商务论坛上共同签订了三方的联合协定，三方将联合推动中韩网络建设项目的一期工作。2017 年 12 月，在中韩两国首脑会议上，双方同意在中国国家能源部与韩国工业、经济与自然资源部之间，建立一个部长级的合作机制。2018 年 5 月 29 日，中韩双方举办了第一次关于能源合作的交流大会，在会上双方针对水电、燃气、可再生能源这三个方面的合作问题展开了讨论，并达成了一定共识，双方决定分享政策，共同研究关键问题。

（二）俄罗斯—韩国能源合作

韩国对与俄罗斯的天然气领域合作兴趣十分浓厚，20 世纪 90 年代，俄罗斯便提供了从沙俄远东经朝鲜境内通向韩国的油气管路工程。1992 年，韩国和俄罗斯联邦萨哈人民共和国政府签署了《萨哈天然气合作计划》，共同开发了萨哈人民共和国的 26 个天然气田，并铺设了由天然气产出地区经布拉戈维申斯克、符拉迪沃斯托克通往首尔的输气管道。韩国国内已经建成了比较完善的天然气管道系统，可与俄罗斯的天然气管道有效对接。2003 年，中国、韩国、俄罗斯三国就对维克金石油天然气开采的可能性开展了研究，并最终制订了共同的方案，根据规划，在合作的基础上，俄罗斯将从 2008 年开始先后向中国和韩国执行为期 30 年的天然气供给计划，但最后该规划并未达成一致。2003 年 5 月 12 日，韩国天然气公社董事长出访了俄罗斯，并同俄罗斯联邦天然气产业股份公司签订了采购俄罗斯天然气产品的合同，与此同时，双方还探讨了共同修建输气管道的前景。中国燃气工业股份公司则表示，将拥有部分韩国天然气公社的股权，并成为韩国天然气公社的主要股东之一。2004 年 9 月，当时的韩国总统卢武铉在访俄期间，与俄罗斯公司签订了 3 个重大油气合作项目：一是韩国公司与俄罗斯鞋鞍斯坦油田有限公司共同签订了战略合作备忘录，双方将联合出资在鞋鞍斯坦境内建设一个现代化的原油生产与石油化工企业。二是韩国三星物产集团和俄罗斯油田集团共同签订了关于改造远东哈巴罗夫斯克的大型原油加工厂的合作合同，三星物产集团计划投入 5 亿元，用 10 年时间改造这个原油工厂。改造完成后，制造产品的 80% 用来供应俄罗斯，剩下的 20% 将向韩国及亚太地区各国输出。三是韩国国际天然气有限公司和俄罗斯联邦天然气有限公司签订的项目投资谅解备忘录，韩方拟投资 25 亿元和俄罗斯联邦成立合资企业，共同勘探、开发萨哈林州等地的油气田。2004 年，韩国政府和俄方代表签署了有关开拓俄东地区油田的谅解备忘录，各方讨论了共同开发库页岛和堪察加半岛的相关情况，并计划在第二年开展勘探，韩国方面将提供约 60% 的开发经费，并适当地进行石油的分配。2005 年 2 月，中国石化集团公司就和韩国的油田企业签订了合同，将联合开发中国远东勘察加大地区的近海油田，合同的具体内容是：从 2005 年开始进行地质勘探，在 2008 年前钻探 3 个油井，估计需要投资 1.5 亿美元。2005 年 11 月 19 日，当时的韩国总统卢武铉与俄罗斯联邦总统普京在韩国的釜山市政府进行会谈，双方签订了《韩国与俄罗斯关于在贸易方面深入协作的行为规划》，决定发展两国全面伙伴关系。《韩国与俄罗斯关于在贸易方面深入协作的行为规划》中，约定了两国在石油、资源和科技等方面共同开展协作，内容主要包括：共同开发远东、西伯利亚原油和天然气；共同建设从东西伯利亚至远东太平洋岸边的输油管路工程等。2008 年，韩俄双方和中国就稳定的天然气供给情况和共同开发堪察加半岛沿岸的天然气技术等方面展开了研究，韩国煤气公社和俄罗斯联邦煤气公司共同签订了有关自 2015 年起未来 30 年俄罗斯将每年向韩国输出约 100 亿立方米煤气的合作合同[90]。2008 年，时任俄罗斯联邦总统的梅德韦杰夫和时任韩国总统的李明博同意将联合投资 1000 亿元，建设世界第一条由西伯利亚至韩国的运输石油的管线，并扩建东北亚地区电网体系。2011 年 9 月，俄罗斯石油有限公司和韩国煤气公社共同签订了有关双方共同兴建石油管线的合作道路图，根据规定，俄罗斯与韩国双方将从 2013 年开始启动兴建经由朝鲜至韩国的石油管线，总长约 1100 千米，其中 700 千米将位于朝鲜境内，并预计在2017年启动供气，每年输送天然气100亿立方米。与此同时，俄方也与韩国的工业生产部就兴建该燃气管道项目签订了谅解备忘录。不过，因为后来朝鲜半岛事态加剧，而导致该方案未能实施。由于俄罗斯方面一直努力拓展通向东北亚区域的油气出口途径，以帮助本国远东区域的国民实现经济增长，因此俄罗斯方面于2012年利用中国举行亚太地区经济合作大会的机会，再度提出了俄韩之间燃气管道项目的兴建议题，以增加在东北亚区域的能源竞争力。在2018年，俄罗斯石油产业有限公司副董事长马尔克洛夫宣布，俄韩之间已就即将自俄罗斯经由朝鲜到达韩国的天然气管线建设继续协商。此外，俄韩两国还商定在俄罗斯远东地区设立一座联合燃气化工点。韩国政府已经在其西南部海岸设置了三座液化气终端以及一条广泛的管线系统，管线交叉纵横，遍及全韩国，并将通过管道运送俄罗斯的天然气做好了充分的准备。

四、中国—蒙古国能源合作与俄罗斯—蒙古国能源合作

（一）中国—蒙古国能源合作

密切的地域联系为中方和蒙方能源合作伙伴关系的建立提供了地域优势。我国和蒙古国两国陆上边境边界长达4677千米，包括5个常年开放的口岸和13个季节性开放口岸，双边沟通往来便利。就是在这样良好的地域资源优势的基础上，中蒙两国的经济合作伙伴关系也逐步稳固，尤其是在国际能源合作方面逐渐实现了新进展和新突破。

蒙古国作为一个内陆国，受地理位置的影响，其大量能源出口到俄罗斯和中国。在1998年以前，俄罗斯一直是蒙古国燃料的主力出口国，自1998年起，我国超过俄罗斯，成为蒙古国的主力燃料出口商，同时也是对蒙古国的第一大贸易伙伴和投资国。2004年以后，蒙古国提供给我国的石油与蒙古国能源贸易的份额都达到91%以上。2014年8月，我国国家主席习近平出访蒙古国，在对蒙古国全国大呼拉尔议会的致辞中，习近平表示：“中蒙要做互利共赢的好朋友。中方的国际市场、资本、科技、渠道和蒙方的资源富集优势互补度很强，有很多合作机遇。”

煤炭是中蒙间的大交易商品，我国亦为蒙古国煤的唯一出口商。中蒙两国

各自的能源禀赋条件，也决定了在中蒙两国的能源交易中，蒙古国主要向中国输出电力、石油等初级产品，而中国则主要向蒙古国输出电力、石油制品和能源技术等。近年来，中蒙双方在能源、石油、发电等方面的产业投资规模与效率持续提高。在煤炭资源开发利用方面，蒙古国积极引进外商并争取增加高铁运力。如2014年，中国神华资源集团有限公司和蒙古国矿业有限公司、日本国住友商事有限公司联合竞标，建设在蒙古国塔本陶乐盖附近的大型煤矿工程。同时，蒙古国也对中方的互联互通倡议积极响应。2014年4月，蒙古国的“新铁路计划”中提出，在连接塔本陶乐盖煤矿和中国约280千米的合作铁路线上使用标轨，并建设由内蒙古噶顺苏海图至中国甘其毛都的18千米的口岸式合作铁路线。在石油领域，根据2008年底的数据，在蒙古国已有的790口井中，有678口井是由我国大庆塔木察格公司投资进行开钻作业的，而其余10%则是来源于我国东胜石油企业的投入。中蒙双方在石油开采、炼化等方面也逐步加大了合作，包括加强与塔木察格油田的开采协作和与宗巴音油田建设项目的研究协作等。中国将全力支持本国企业对蒙古国在蒙古国境内建立炼油厂进行协助，并支持中蒙双方企业在互利互惠、合作共赢的基础上，按照市场化原则进行成品油交易。在电力合作伙伴方面，中方企业和蒙古国部分主要矿山公司达成了电力协议计划，包括中方对蒙奥尤陶勒盖铜矿等项目工程提供的电力。未来双方还将积极探讨中国在蒙古国投资兴建煤矿坑口电站，向中方输出电能的问题，同时中国公司还将积极参与对蒙古国既有工厂的现代化改造和基础建设系统的建设。未来，煤化工、液化煤气、矿口电厂、矿产品深加工等领域是中蒙两国能源合作的重点领域[94]。另外，中蒙两国在风电、太阳能、核电等洁净能源方面的合作也将相继启动。

（二）俄罗斯—蒙古国能源合作

苏联解体之前，蒙古国的所有资源勘查、开发等项目都由苏联进行资助，而能源也主要输出到俄罗斯，同时，蒙古国所需要的大量燃料以及很大的电能资源也需要从俄罗斯引进。因此相比于其他发达国家，俄罗斯企业在蒙古国的资源开发方面具有先占优势。而中国公司则在天然气、核能、水电等资源开发方面，以及高铁建设方面都与蒙古国企业进行了较深入的沟通和协调，而且双方对资源企业的合作方式、协调机制方面的探讨也都相对较为完善。例如，在

2007年，俄罗斯联邦天然气产业银行就举办了中国—蒙古国经济研讨会，专门探讨了对蒙古国企业在能源方面的投资。2010年，俄罗斯联邦和蒙古国双方正式签署了天然气管道的过境合同，在俄蒙两国之间建立起了原油运输的新能源经济通道。在未来，蒙古国也可以借助俄罗斯天然气管道过境的地缘区域优势，进一步加大与俄罗斯石油供应公司之间的分销贸易，其中，蒙古国与俄罗斯联邦之间在贝加尔湖区域内的天然气分销系统的合作与开发，将具有良好的前景。

蒙古国的煤炭资源丰富，但是并没有相关的经济基础和科技力量支持，所以对中国和俄罗斯这两个邻国存在非常大的依赖性。另外，因为俄罗斯自身也拥有大量的石油资源，将蒙古国的石油物资运送至俄罗斯国内的成本也较高，所以，虽然我国仍然是蒙古国包含煤炭资源在内的自然资源的主要输出地，但是，蒙古国却并不甘心于单方面受到铁路运输方式的依赖，也希望加强与俄罗斯等的合作。这些多种形式的经济社会合作，是蒙古国在地理环境结构与政治复杂的东北亚区域以贸易合作为政策对冲的精明战略，同时也是蒙古国政府"多支点""平衡点"对外开放战略在贸易方面的具体化落实。

五、朝鲜的对外能源合作

朝鲜能源资源相对匮乏，能源供应严重不足。冷战时期，朝鲜对外贸易的主要对象是苏联和中国。早在20世纪70年代，中国就与朝鲜签订了原油出口贸易协议。20世纪80时代后期，由于中国改革开放的不断深入和国民经济的高速度发展，国内原油需求量逐渐上升。至1993年，我国成为原油净进口国，为满足本国经济发展对资源的需求，中国每年将向朝鲜供应的原油逐渐减少。1994年10月21日，朝鲜和美国代表在瑞士日内瓦签署了《关于解决朝鲜核问题的框架协议书》，朝鲜愿意完全停止现有的核发展计划，同时美方许诺将为朝鲜建设两个一千兆瓦的轻水反应堆，还承诺每年向朝鲜提供50万吨重油。2002年11月14日，美国决定停止向朝鲜提供重油。自此之后，朝鲜获得的国际社会的援助也大幅减少，朝鲜的能源不足问题日益严重。为此，朝鲜也积极主动地促进与中国的资源合作。主要的合作范围有：朝鲜促进与中国在电力、海洋天然气资源方面的发展协作，与韩国达成了给予韩国在朝鲜投资矿产资源的许可，与中国天然气企业合股公司讨论在资源方面进行联合的课题等。另外，俄罗斯还打算在原油生产上对朝鲜提供援助，支持其改善现有的原油工厂。俄罗斯还打算同朝鲜签订一些有关经贸领域的贸易协定，包括冶金、铁路、林业、能源和电力等各个领域[95]，重启了过境朝鲜的油气管道项目洽谈等合作事宜。

六、东北亚地区传统能源领域的主要合作项目

（一）俄罗斯“东西伯利亚—太平洋”（ESPO）输油管道建设

俄罗斯东西伯利亚至太平洋输油管道（ESPO）计划，几经波折，经历了“安大线”“安纳线”“泰纳线”三个阶段。

20世纪90年代初，中国希望从俄罗斯萨哈、恰扬金等油田铺设到大庆的输油管道，以实现从俄罗斯进口石油。但俄罗斯刚经历苏联解体，国内局势动荡，所以与俄罗斯政府的谈判没有取得实质进展。1994年，俄罗斯私企尤科斯石油公司主动与中国接触，并提出了从俄罗斯安加尔斯克至大庆的“安大线”，非常符合中国的想法。“安大线”的方案为：自俄罗斯安加尔斯克起，向南绕过贝加尔湖，向东经赤塔州后，进入中国到达大庆。1996年，双方完成了“安大线”的可行性研究。2001年，中国石油天然气集团公司、俄罗斯尤科斯公司及俄罗斯管道运输公司签署了“安大线”项目可行性研究的总协议。至此，似乎“安大线”方案就要敲定了。但是“安大线”与俄罗斯政府的设想并不一致：一是“安大线”经过贝加尔湖南端，其石油管道存在着污染贝加尔湖的风险，二是“安大线”只考虑了石油出口到中国，没有考虑出口到日本、韩国等其他东北亚国家，不符合俄罗斯的国家利益。

2002年，日本开始介入俄罗斯建设油气管道的方案，并提出了从俄罗斯的安加尔斯克至纳霍德卡的“安纳线”方案。“安纳线”自俄罗斯安加尔斯克起，经贝加尔湖北部，沿贝加尔—阿穆尔铁路，最终到达俄罗斯的远东港口纳霍德卡。“安纳线”具有以下优点：一是终点纳霍德卡港可将俄罗斯石油输往东亚多个国家，实现俄罗斯石油出口多元化；二是石油管道全程在俄罗斯境内，更加安全可控。“安纳线”缺点是经过贝加尔湖北端，同样存在污染贝加

尔湖的风险，再加上管道路线长、成本高，所经过地区还存在地震带。日本为了取得“安纳线”的成功，给予了俄罗斯多项优惠，使俄罗斯更倾向于铺设“安纳线”。

但是，由于“安纳线”与“安大线”都经过贝加尔湖附近地区，均存在污染贝加尔湖的风险，最终两个方案均没能得到俄罗斯的批准。为此，俄罗斯对输油管道建设方案又提出了新的要求：第一，新方案不能经过贝加尔湖附近区域，要确保贝加尔湖生态环境不受影响；第二，新方案要兼顾到西伯利亚地区已经开发和尚未开发的油气资源；第三，新方案要实现客户的多元化。按照新的要求，2004 年 12 月，从俄罗斯泰舍特至纳霍德卡的“泰纳线”方案应运而生。“泰纳线”方案为：西起伊尔库茨克州泰舍特（它是西伯利亚大铁路和贝阿铁路干线的枢纽），从贝加尔湖北面 400 多千米处经过，然后沿着贝加尔—阿穆尔大铁路，从斯科沃罗季诺开始沿着中俄边境的俄罗斯阿穆尔州的有关地区，最后到达太平洋港口纳霍德卡，管线全长 4130 千米。新方案“泰纳线”完全满足了俄罗斯提出的远离贝加尔湖、兼顾西伯利亚各油田，实现对多个国家出口石油的要求。

实际上，“泰纳线”初始方案中并没有明确指出是否有连接到大庆的支线，直到 2005 年 9 月，俄罗斯总统普京明确表示“泰纳线”包括到中国大庆的支线。

管道从泰舍特—斯科沃罗季诺年输油能力为 8000 万吨，从斯科沃罗季诺—纳霍德卡年输油能力为 5000 万吨。2006 年 4 月 28 日，在伊尔库茨克州泰舍特市进行了第一道焊口的焊接，“泰纳线”项目正式开工。2007 年 5 月，在布拉茨克市附近成功完成最大河流障碍安卡拉河的穿越。2009 年 3 月中旬，在雅库茨克举行了 2500 千米焊接完工庆典，标志着“泰纳线”一期工程的完成。一期工程包括 2694 千米长的“泰舍特—斯科沃罗基诺”油管道，年输送量 3000 万吨，7 个输油泵站，1 个石油运输专用港口“柯泽米诺”港，年输运量为 1500 万吨石油。2009 年 5 月 18 日，“泰纳线”至大庆支线开工建设。2010 年 9 月底，管道建成投产试运行，俄罗斯总统普京亲自启动了阀门。2011 年 1 月 1 日，管道正式运营投产，经商定俄罗斯每年向中国供应石油 1500 万吨，为期 20 年。2013 年 3 月，俄罗斯决定对中国增加供应原油至每年 3000 万吨，中国开始建设大庆支线二期工程。2018 年 1 月 1 日，中俄原油管道二期工程正式投产运营，俄罗斯每年向中国提供原油的数量增加至3000万吨。ESPO项目总耗资超过250亿美元，目前该管道每年可输出石油8000万吨。

（二）中国—俄罗斯天然气管道

我国和俄罗斯之间有关建设天然气管线的磋商，最初可追溯至1994年由中俄两国签署的天然气管线建设合作备忘录。而直至2014年5月21日，中国石油天然气集团公司与中国燃气企业股份公司才最终完成了马拉松式的协商，在上海市签署了《中俄东线供气买卖协议》。中俄天然气管道分为东线和西线，东线管道经俄罗斯远东地区输送到中国东北地区，西线管道则将运送西西伯利亚开采的天然气，进入中国新疆。这两条管道总输气量都是680亿立方米/年，而东线供气量为380亿立方米/年。

中俄东线管路建设工程，是中国石油天然气集团有限公司和俄罗斯天然气产业控股有限公司之间的合作项目，主要涉及俄罗斯国内的西伯利亚力量管道和中国国内的中俄东线天然气管道。中俄东线燃气管网从俄罗斯西伯利亚地带开始，经布拉戈维申斯克进入我国的黑龙江省黑河市。俄罗斯国内的管线总长约3000千米，中国边境段建设线路3371千米，利用目前已建成线路约1740千米，途经我国黑龙江省、吉林省、北京市、辽宁省、河北省、天津市、山东省、江苏省和上海市等9个省（自治区、直辖市）。中俄东线是中国第一条使用的1422毫米长度、12兆帕压力、X80高钢级的长距离输送天然气管线，同时还是输量较大的跨国长距离输送天然气管线。2019年12月2日17点，随着中俄首脑共同签署命令，中俄东线天然气管网开始投入通气。2020年7月28日，中俄东线天然气管道南段建设在江苏南通海门正式启动。2021年9月2日，中俄东线天然气管道关键控制性穿越工程——滹沱河定向钻穿越工程施工任务全部完成。随着中段和南段的相继建成投产，输气量将逐步增加至380亿立方米/年。

“中俄天然气管道西线”起点为俄罗斯西西伯利亚地区，途经阿尔泰地区，终点为中国新疆，输气量预计为每年300亿立方米，其俄罗斯境内段被俄方称为“西伯利亚力量二号”，由于其途经阿尔泰地区，所以也被叫作“阿尔泰输气管线”。该工程原名为“阿尔泰天然气管道”，于2006年宣布开启实施，但由于2008年经济危机的影响，曾于2008—2009年被短暂冻结，一年后俄罗斯重新将其纳入《2030年前俄罗斯天然气行业发展总纲要》之中，并于2015年更名为“西伯利亚2号”天然气输线管道。该管线在我国国内全长2700千米，将通过俄罗斯西西伯利亚乌连戈伊气田向我国提供燃气，运输能力估计达到300亿立方米/年。乌连戈伊天然气田是当今世界上较大的天然气田之一，已探明储量约为70000亿立方米以上，该天然气田原本生产的天然气主要针对欧盟的出口，而一旦东西线的铁路管道能够正常投入使用，东北亚地区又将成为乌连戈伊气田天然气生产出口的重点方向。目前，西线管道仍在建设中[96]。

作为当今全球最大的能源合作计划之一，中国和俄罗斯联邦在油气方面的协同将促进俄罗斯远东的社会经济发展和油气资源发展，促进自然资源产品交换多样性，同时满足中国的巨大的物资消费需求、改善我国的资源消费构造、促进中国自然资源产品输入的多样性等需求，也必然会推动中俄两国发展策略多样性，为两国的可再生能源安全性带来保证。

（三）过境朝鲜的油气管道

从中国远东能源地区延伸至韩国的一个可行的石油通道，必须经过朝鲜。俄韩两国对于修建通过朝鲜的石油通道一直保持积极的状态，俄罗斯的石油企业家们设想一个能够使朝鲜成为其对韩国以及其他亚太地区各国石油输出的枢纽地区，韩国长期以来和俄罗斯就石油运往本国的途径问题开展着广泛的探讨与磋商，期望利用俄罗斯的能源进口解决其石油的紧缺以及能源安全问题。

对朝鲜来说，通过石油管道过境可以产生非常好的经济收益，即既可获取过境费，又能够实现国家对其最直接的石油供给，还能够用所得收入采购石油。而从2011年下半年开始，在俄朝、俄韩等各国领导层的频繁互访中，就已经就国际能源领域广泛合作达成了共识，并签订了关于能源与经贸合作备忘录，而朝鲜对于建设石油管道的心态也正在逐渐出现积极的变化，想通过同俄罗斯的能源合作改变其燃料短缺状况的同时还能够获取经济收益，因此朝鲜在利用国际能源经济合作来缓解政治压力和获取经济收益上也十分热情。设想中的俄朝韩燃气管线全长将达到1100千米，年均向韩国输出燃气100亿立方米，相当于韩国天然气需求量的20%，天然气产品价格也有望明显下降。项目建成后，俄罗斯每年将取得数百亿美元的燃气出口收入，将大大推动其远东地区的经济发展，并将把能源出口的影响范围扩大至日本及其他亚太地区国家。而朝鲜则可以每年从这里获取超过一亿美元的过境费。所以，这是一项使三方合作共赢的重要建设项目。

（四）亚马尔项目

亚马尔工程项目，是我国提出“一带一路”倡议后与俄罗斯联邦开展的第一个特大型企业能源合作工程项目，工程项目地处俄罗斯联邦国内的北极圈内，临近北冰洋，在西伯利亚平原西北部的亚马尔零点五岛电视台上，毗邻萨贝塔港，由于项目所在地属于非常明显的高纬度极寒地带，最低气温可达到零下52摄氏度。亚马尔零点五岛区也是俄罗斯最丰富的天然气储存区，已探明天然气储备约13000亿多立方米，凝析油可采储量6000万吨。亚马尔公司工程是目前世界上在北冰洋地区实施的最大规模液化天然气工程，是全球最特大全价值链的天然气勘探开采、液化、输送、分销一体工程项目，堪称“镶嵌在北极圈上的一颗能源明珠”。由俄罗斯联邦诺瓦特克控股企业、中国石油天然气集团公司、俄罗斯联邦道达尔控股集团公司和北京丝路集团公司一起开发，所持有股份比例分别为50.1%、20%、20%、9.9%。将建设3条年产量550万吨液化天然气（LNG）的产品线，整个工程项目建成后年均可制造LNG 1650万吨，凝析油120万吨。至2017年底，首条LNG产品线已经开始投入生产，总产能将达到550万吨。2018年7月19日，亚马尔液化天然气工程项目向中国提供的首船液化天然气，将经由北极东北航线运送至中国石油天然气集团公司旗下的江苏省如东LNG接收站，并移交给中石化，书写亚马尔工程项目向中国提供LNG的新章节，为中国的清洁能源供需线增添了新鲜气源。第二条LNG生产线已于2018年8月投产，而第三条线路则也已经在2018年12月投产，以提早实现该项目设想的最高生产能力——液化天然气年生产将达到1650万吨，并计划在2019年底启动第四条产能为一百万吨的新生产线。这条生产线将采用诺瓦特克公司自身的“北极急流”液化工艺技术并采用苏联制造的主要装备工艺技术，但因为诺瓦特克公司遭受美国政府的资金限制，项目投资障碍严重，因此不得已将计划时间推迟至2020年上半年[97]。

亚马尔项目模块化制造所使用的400多种模块中，大多数都是由中方设计制造的，整个项目总值达到了60亿元，由6个中资的海工公司进行设计制造，而当中的80%以上的工程都是由中国海洋工程承包公司进行的，而液化天然气的输送工程则由中资船企的中广船国际公司承担施工。中国石油天然气集团公司作为中资企业也加入了项目建设中，在工艺开发与新技术研制等领域实现了一系列技术创新。开发设备需要在永冻土上建造，商业用石油钻井首次在极地区域开发，制造工厂需要实现模块化开发，而后期生产需要专业液化气体的破冰运输。在参加亚马尔LNG工作的实践中，中资公司学会了在极寒领域利用和生产天然气的完整方法，涉及北冰洋领域的地质分析、永久冻土分布和钻机生产、高寒区域模块生产、高寒领域的工程建设管理、北冰洋海域运输物流、极昼区域物资供应管理、破冰船工程设计施工、LNG生产配送的完整产业链，也给其他中资公司带来了在高寒区域开展工作的实地实践创新。中国石油天然气集团有限公司在亚马尔项目建设上充分发挥了中国企业大会战的集中优势，在建造资源运输、加快模块建设等方面发挥了重要作用。

（五）萨哈林项目

俄罗斯远东地区的萨哈林岛石油资源也十分丰富，一般散布于北萨哈林盆地、西萨哈林隆起、东萨哈林隆起、波罗乃斯克湾盆地以及鞑靼海旁。萨哈林计划是由中国负责的发展萨哈林岛北部油气区的一个计划，目前已经发展出了6项计划，获得了不少石油强国的关注与加入，并获得了巨大的利益。

“萨哈林一号”工程项目是根据在1996年签订的产品分配合同而进行的，是俄罗斯与其他国家在能源发展上的成功典范。该项目主要有4家世界性的石油企业参加，包括美国埃克森石油天然气公司和日本库页岛石油开发公司（SODECO），两个公司平分秋色，各自占比30%，其余的40%由俄罗斯石油公司和巴基斯坦石油天然气公司贡献。建设项目主要是开采萨哈林岛沿海大陆棚上的3个油气田（柴沃、奥多普图和阿尔库通达吉），这3个油气田石油天然气的总储量为3.07亿吨原油和4850亿立方米天然气，总投资达到了120亿美元，并由埃克森美孚石油公司主要实施。该建设项目从投入建设至今，已经成功签署了首个针对日本的外销合同，这是由美国新日石化有限公司（ENEOS）和美俄两大石化有限公司联合签署的，也就是说从2008年开始，一号建设项目所产出的美国石油产品将在每个季度内向日方供应一个美国标准油轮的产量。

“萨哈林二号”建设工程，是日本在东北亚区域大量进口油气资源的重点工程项目，于 1999 年启动进行，工程涉及一座油气地（储备 1.4 亿吨）、一座自然气田（储备 4080 亿千克）以及一个年处理约 960 万吨液化天然气的净化工厂。该建设项目的总投入约为 115 亿美金，荷兰皇家壳牌石油企业在该建设项目中占有最高的投入分量，高达 55%，而其余的股权则分别为日本国三井集团公司（25%）和三菱集团公司（20%）所持有。该工程中发现的重要油气田包括石油和天然气的总储备都巨大的卢斯克油田天然气和比利顿—阿斯托赫斯油气田，原油储备高达 6 亿吨，天然气的总储备高达 7000 亿立方米。液化天然气（LNG）是该项目的主要工作范畴。中国和日本的 4 家企业东京气体有限公司、东邦气体有限公司、日本东北电工和九州开发有限公司已经签订了至少 20 年购买气体的联合协定。2006 年，俄罗斯政府又以损害了当地自然环境为由暂停了“萨哈林二号”的建设，导致了由多国政府投资者共同控制的萨哈林能源建设有限公司，以 74.5 亿元的代价向俄罗斯天然气企业股份制有限公司出售了 51% 的股权，俄方成功地将该项目收归国有，在 2007 年进行了股权调整和俄当局的重新评估之后，项目于同年 10 月继续开始建设，并在 2008 年底开始原油生产。2009 年 2 月，该项目的 LNG 生产装置（由日本三井物产与三菱商事联合投资建设）开始投产，当时俄总统梅德韦杰夫和日本前首相共同参加了活动，制造的大量产品都将运送至萨哈林岛的最南端，其中 50% 以上的产品也都被送到日本。2022 年 8 月 5 日，“萨哈林二号”工程被新运营商接手，由三井物产有限公司和三菱商事有限公司分别取得了 12.5%、10% 的股权。

（六）阿穆尔天然气（LNG）加工厂

由我国葛洲坝公司和俄罗斯联邦燃气产业公司合资共建的阿穆尔燃气工厂，是当今世界上最大的天然气工厂。阿穆尔天然气加工厂建设项目地处俄罗斯联邦阿穆尔州斯沃博金市，距我国黑惠江约 200 千米，是中俄第二大主要能源走廊——中俄天然气管道东线的来源。项目共分为 5 个阶段。阿穆尔天然气加工厂的建设开始于 2015 年 10 月。中国能建葛洲坝机电公司作为项目 P1 标段施工总承包商，承担了 6 套 NGL/NRU 装置、3 套脱氦装置及外围系统的配套工程建设。2021 年 5 月 1 日，阿穆尔天然气加工厂 P1 标段第一列 NGL/

NRU（天然气凝析液及脱氮）装置正式投料开车。2019 年 12 月，俄罗斯联邦对外贸易发展商业银行（VEB）联手中国银行、中国建设银行和中国国家开发银行等，与俄罗斯联邦天然气企业有限公司签订了阿穆尔天然气加工厂投资合同，贷款规模为 7860 亿元卢布（约合人民币 860 亿元），创造了俄罗斯天然气企业历史之最。公司的总规划能力为年产 420 亿立方米燃气。阿穆尔天然气加工厂项目第二阶段由 1 套 NGL/NRU（天然气凝析液及脱氮）装置、1 套脱氦装置及相关配套设施组成，占项目总工程量的 20%。阿穆尔分公司于 2021 年 8 月 31 日完成第二阶段变电站的施工调试工作，2021 年 11 月 17 日完成第二阶段管道安装工作，为第二阶段施工任务的顺利完成创造了有利条件。该厂计划于 2025 年 1 月全部启动、达到设计产能[97]。

（七）符拉迪沃斯托克液化天然气（LNG）项目

2010 年 7 月，日本政府和俄罗斯联邦批准将在符拉迪沃斯托克建立液化天然气（LNG）制造制造厂，将年产约 1000 万吨液化天然气，并且每年可向日本出口约 500 万吨的 LNG，将超过日本每年进口 LNG 总额的 7.5%。在 2010 年年底，各界经过积极磋商，一致主张在该地区建设一个 LNG 终端，并预定于 2017 年开始运作，预计总容积为 69 亿立方米。此外，在日俄双方都拥有一定共同利益的企业也同时希望承建其他的基建工程项目，以促进地区经济发展。

该项目原打算在 2018 年开始投资，但是因为在克里米亚危机之后美欧各国对俄进行了制裁，并且拒绝向俄罗斯出售新的天然气液化装置，因此俄罗斯天然气化学工业股份公司不得不搁置了符拉迪沃斯托克液化天然气建设项目。

（八）蒙古国塔本陶勒盖大型煤田开发项目

塔本陶勒盖大型煤田地处蒙古国南部，项目距中蒙边界约有 180 千米的直线距离，距我国甘其毛都口岸约 245 千米，已勘探储备约 15 亿吨，预测储备将达到 64 亿吨，约有 40% 的资源是高焦油煤，是黑色冶金工业的主要原料。该项目是目前世界上尚未完全开发的最大露天焦煤矿。

2009 年，蒙古国启动了塔本陶勒盖地区大型煤田开采建设项目的全球招标。2011 年 7 月，由蒙古国宣布中国神华集团公司与日本国商社三井物产共同组建的财团、美国博地能源公司、俄罗斯和蒙古国政府企业共同组建的财团等3个企业中标，所持有股权比率分别为40%、24%和36%。不过，在中标后，由于蒙古国内部反对声持续，未中标的其他国际财团也对此表达不满，为此，蒙古国总统在2011年8月宣布中标作废。神华集团并没有放弃争取塔本陶勒盖大型煤田开发项目开发权的能力。在2011年末，中国神华集团还专门组建了中国神华海外有限公司负责对外发展项目，把塔本陶勒盖大型煤田开发项目视为全球化发展的关键。2013年10月，中国神华集团公司与蒙古国公司签订（铁路工程）战略合作备忘录，以及促进国际煤炭资源交易谅解备忘录。2014年4月，随着我国和蒙古国合作出资高速铁路建设项目协议的签订，我国神华集团公司将建成我国甘其毛都至蒙古国噶顺苏海图18千米口岸高速铁路。而借助该线路，我国塔本陶勒盖大煤田建设项目建设将连接中国铁路网，蒙古国向我国出口的煤矿资源将更为便利。2014年8月，在习近平同志出访蒙古国期间，塔本陶勒盖的大型煤田开采建设项目被定为中蒙能源合作的重点项目。

2012年后，随着煤矿产能过剩明显，中国煤炭行业总体下降，塔本陶勒盖大型煤田开发项目价值也随之缩水。2016年9月，蒙古国政府要求重启塔本陶勒盖大型煤田开发计划，以刺激蒙古国几近崩盘的经济运行。但是，世界煤炭市场已出现了巨大的变数，由于世界煤炭供大于求，中国国内的煤矿生产能力过剩问题严重。在这个全球大背景下，该工程即使重启，意义仍十分有限，但蒙古国政府也很难承认这一事实。从神华集团角度来说，发展战略将转为清洁燃料，重新开发塔本陶勒盖工程也将背上巨大的经济负担。所以，该工程在未来的发展可能充满曲折[98]。

第二节　东北亚新能源及清洁能源技术合作

东北亚地区巨大的资源支出也给自然环境带来了很大负担，尤其是中国化石资源的大规模利用所带来的温室气体污染，能跨越国界影响到周边各国，乃至影响世界气候变化，这将导致良好的自然环境和洁净的生活环境变成一个具有国际性和区域性意义的纯公共产品，因此，在环境污染与全球气候变化方面需要各国共同的应对与治理。但是，由于东北亚国家的经济发展水平不同，发展规模、能源消费量及能源消费结构不同，造成的环境污染问题的严重程度不同，各国提供这种区域性公共产品的方式、力度和热情也存在差异。中国、日本、韩国成为东北亚地区的能源消耗国家和贸易中心，要密切合作以缓解资源的耗尽和巨大的污染造成的困难。在谋求更多样化的再生能源开发的政策措施中，将节省能耗和提高产出效益作为东北亚区域的重要政策措施，各方都必须采取全方位的管理以实现环保减碳的总体目标，进而建立起有效的、环保友好型的能量系统，通过发展清洁能源，建立环境友好型的能源供需系统。综合来看，东北亚地区各国在清洁燃料、可再生能源、提升效率与节能减排、低碳和环境技术等方面都进行了协作，并获得了不错的进展。

一、东北亚电力网系统互联建设

东北亚地区各国间的地方电力交流开始于 20 世纪 90 年代，经过了 30 多年的建设。1992 年，我国同俄方进行了水电联合，新修建的 110 千伏的自俄罗斯联邦布拉戈维申斯克至我国黑惠河的“布黑线路”也开始合闸并送电，从而开始了我国和俄罗斯水电联合的新阶段。2006 年，中俄政府签订了输电项目可行性的研究合同，并修建了 220 千伏自俄罗斯布拉戈维申斯克至中国爱辉的“布爱甲乙电路”，使我国的黑龙江电网与俄罗斯远东地区电网相衔接。2012 年建设的 500 千伏自俄罗斯联邦阿穆尔州至我国黑龙江市的“阿黑交流线路”和黑河直流背靠背换流站（电容 75 万千瓦），我国和俄罗斯的远东供电系统基本完成了直流背靠背连接。2012 年，中俄东部油田公司与中国国家发电机组公司签署了发电协议，协作年限将达到 25 年，按照这个协议，2037 年，中俄向国内供应的电量将达到 1000 亿千瓦时。紧接着在次年，中国同俄罗斯签署了《关于开展扩大中俄水电合作项目可行性分析的协定》，协定中明确将对俄罗斯远东大开发的能源资源优势区域加以着重开发，进而推动中俄之间发输电一体化，开拓中俄两国水电合作的崭新空间。2014 年，我国长江三峡集团公司和俄罗斯水电公司签订了《相关单位建立合营企业发展俄国联邦下布列亚水电资源建设项目的联合投资意愿协议书》，同时我国三峡集团公司和俄罗斯水电公司还确定了共同开发俄远东水电厂及向中方送电的核心条件，并被列为两国首脑峰会战略合作框架下的建设项目。2017 年 6 月，中俄共同投资的华电捷宁斯卡燃气蒸汽联合循环供热电厂建设投产，该工程为目前我国对俄最大的能源类投资建设项目。2013 年，我国内蒙古自治区的西部电网已通过 220 千伏线路开始向蒙古国供应电能。而我国新疆和蒙古国之间也存在着相当数量的电能交易。俄罗斯与蒙古国之间早有了 220 千伏电压等级输电通道[99]。韩国电力公司（KEPCO）和俄罗斯合作进行了一个有关双方电力系统联系的最新的研究计划，该计划也是双方电力公司长期合作的一个关键合作项目，将旨在分析俄罗斯和韩国电网连接的可行性，以及未来的技术可行性和经营情况。一个最可能的途径是俄罗斯从远东地区经过朝鲜进入韩国，总里程数达 1260 千米，用高压或直流电送电力。计划将使用高压直流技术输电，总投入约 25.1 亿元，最大输出能量为 4 兆瓦，性能和使用寿命为 30 年。俄罗斯目前正为修建一个从普利摩斯克（Primorsk）市境内至韩国首都首尔的 500 千伏的电能输送线而同朝鲜、韩国进行了谈判，这不只是一个能源建设项目，还有着重大的地缘政治含义。此项目的顺利进行，将大力推动与半岛地区的经济社会合作和互信。目前俄罗斯关于在远东区域电网中向日本输电的规划已经完成了多次的讨论，将在萨哈林岛和雅库特区域修建输电线路向日本输送电能。

东北亚各国对东北亚地区清洁能源互联互通的探索也逐渐开展。1998 年，俄罗斯科学院西伯利亚分院与俄罗斯科尔科沃技术研究所（Skoltech）合作，率先提出了东北亚地区电力联网的概念，涉及中国、日本、韩国、蒙古国、俄罗斯 5 国，计划将水电等大型清洁能源纳入电网，并将各个国家的电网日益联通起来。2003 年，韩国电力科学院也提出东北亚电力联网的设想。从进入 21 世纪以来，东北亚各国陆续出台了一些政策和法规，支持发展清洁电力。例如，我国首先把风力发电厂的电力产品税率降到了 2002 年的 8% 以内；从 2003 年起，实行了可再生能源的特许招标制度；根据 2005 年出台的《可再生能源法》，实行固定电价上网政策，明确规定电网企业必须全额收购清洁能源所生产的电力，并为高于煤电价格的清洁电力提供政府补贴，以及提供其他的配套经济激励机制等[100]。2003 年，日本出台了《新能源特别措施法》，规定能源公司转型应使用相当规模的核能、风力、生物质发电、地热电力等洁净再生能源实施发电的任务。2002 年，韩国政府开始实施新能源发电上网电价补贴政策，建立了“替代能源开发普及中心”，重点支持太阳能、风能等清洁能源的开发，并经过多次修订于2004年颁布的《可再生能源开发利用普及促进法》[101]。2003年，俄罗斯制定了《电力法》，为俄罗斯电力行业和电力市场的发展奠定了法律基础；2007年，俄罗斯政府又对这一法律进行了修订，为清洁电力提供补贴以支持清洁能源发电；2009年批准了《2020年前利用可再生能源提高电力效率国家政策重点方向》，制定了到2020年前将可再生能源发电量占全国总发电量的比重提高到4.5%的目标[102]。2005年，蒙古国制定了2005—2020年国家可再生能源方案，计划提高清洁能源发电量在蒙古国整体能源消费结构中的比例，在农村地区推广使用清洁电力。2007年，蒙古国颁布了《可再生能源法》，为清洁电力的生产和供应提供了法律依据，要求能源监管机构在法律允许的范围内，为连接到电网的清洁电力提供新能源发电上网电价补贴[103]。

电力资源短缺、煤电等火力发电造成的大气污染严重，以及2011年日本福岛核电站泄漏事件造成的巨大安全隐患，促使东北亚地区各国开始重视开展地区清洁电力合作的问题，以通过更为清洁的方式确保电力的稳定供应，满足东北亚各国对电力的需求。正是在这一背景下，关于在东北亚地区实现电力互联互通的问题又引起了东北亚各国的重视。2011年9月，日本可再生能源基金会的创始人孙正义在该机构的奠基仪式上，正式提出了建设亚洲超级电网（Asia Super Grid）的构想。他希望通过学习欧洲的“沙漠太阳能项目”的经验，开发蒙古国戈壁沙漠地区丰富的太阳能资源，将戈壁沙漠地区作为清洁电力基地，将蒙古国与日本、俄罗斯、中国、韩国连接起来，通过高压直流电形式输送到其他国家，满足东北亚其他电力消费大国的需求。2012年3月，日本可再生能源基金会与沙漠技术基金会签署了一项备忘录，用以帮助东北亚地区开发清洁电力，推动亚洲超级电网的建设。2012年3月和9月，在日本可再生能源基金会举办的两次国际会议上，来自世界各地的专家进行了深入的研讨，进一步探讨“亚洲超级电网”的可行性以及可能面临的各种挑战。能源部在亚太经合组织（APEC）的电源工作组大会上提交了进行与东北亚电网互联研究项目的建议。2013年，俄斯科尔科沃技术研究所提交了关于建立东北亚地区超级电网的研究计划，俄罗斯科学院新西伯利亚地区分院还对西伯利亚和远东地区、中国东北和华北地区的供电特点和负荷特点，开展了深度分析和技术发展方面的研究。2014 年，可再生能源基金会与蒙古国能源部、欧洲能源宪章秘书处等国际合作组织提出了戈壁与亚洲超级电网倡议，发布了题为“东北亚可再生能源戈壁技术与亚洲超级电网”（*Gobitec and Asian Super Grid for Renewable Energies in Northeast Asia*）的报告，同时还组织召开了一场关于“亚洲超级电网路线图”的研讨会，邀请了日本、蒙古国、俄罗斯和韩国的有关地方政府、企业、研究机构的一些代表参加了会议。戈壁与亚洲超级电网倡议主张开发戈壁地区的可再生能源，以电力形式，通过亚洲超级电网输送到电力需求量大的国家，并首次对其技术、法律、环境、经济可行性以及面临的挑战等一系列问题进行了分析。2014 年，欧洲能源宪章秘书处会同蒙古国自然资源部以及日本政府、俄罗斯政府和韩国再生能源研究院等，共同完成了名为“利用戈壁新能源构建东北亚超级供电系统”的研究工作，明确提出了利用蒙古国戈壁滩蕴含量极大的太阳能发电和风力发电各 5000 万千瓦，建成东北亚超级供电系统并进行长距离运输的宏大设想。韩国电能公社也提交了构建东北亚超级供电系统的报告。2015 年，亚太经合组织（APEC）亚太再生能源研发服务中心共同完成了“东北亚水电互联”的可行性研究报告。与此同时，我国电力科学院等研发机构也就东北亚的水电资源互联互通进行了专题研究。2015 年 9 月 26 日，习近平总书记在联合国世界经济论坛上阐述了关于构建世界能源网络的建议。在 2016 年 3 月举行的世界能源互联网大会上，中国国家电网有限公司、韩国电能社、俄罗斯电网有限公司与日本国软银共同签订了《东北亚电力联网合作备忘录》，四方进行了积极的战略技术交流，这也标志着东北亚地区的互联互通事业又向前迈进了实质性一大步。2016 年，亚洲国际电网连接研究小组成立，日本可再生能源研究所（前身是日本可再生能源基金会）承担该研究小组秘书处的办公职能，2017—2019 年，该小组发表了三份研究报告，就亚洲超级电网建设的必要性、可能路线及其意义进行了深入论证。2017 年 12 月 13 日，世界能源互联网发展合作组织同北京国家电网有限公司、韩国电能社共同签订了中国—韩国能源互联谅解备忘录，明确了三方将在蒙古国—中国—韩国—日本计划框架内首先推进中国—韩国互联工程，2018 年 4 月，中韩互联预可研项目在京启动，并组建了以世界能源互联网发展合作组织为理事长机构的项目理事会和项目组，对双方进一步合作研究的重点领域提出了具体的项目方案并进行了指导；同年 8 月，项目组完成了《中国—

韩国跨国联网工程预可行性研究报告》；9 月，举行了中韩互联工程预可研总结会和专题技术座谈会，在总结了现有成果的同时明确了尚待解决的其他问题，并邀请有关技术专家进行了进一步的讨论。2018 年 10 月，由中国主导组成的全球电能网络技术发展合作组织举行会议，并发布了《东北地区亚电能网络系统规划研究汇报》，制订了清洁能源开发规划，为东北亚电力能源可持续发展提供解决方案[103]。

东北亚电力网互相交流是一项宏大的战略构想，在理论上完全符合东北亚地区各国的长远利益和根本利益。但就目前状况来看，东北亚电力网的互相交流还存在着许多问题，比如没有政府之间的合作协议，没有详细计划和具体的投资激励机制，各方标准差距较大等。因此，为了加速推动东北亚电网互相交流，当前必须进行如下几个方面的工作：一要取得区域内各方政策的大力支持。二要构建长期稳定的相互交流对话制度。各国的电力工业改革主管部门、电力公司、国际咨询与研究组织等不断加强研讨交流合作活动，以形成长期稳定的国际沟通对话机制，进一步交流各方对东北亚电网相互交往的最新成果和相关技术，在促进东北亚电网互联互通的具体方案、有关协定、运营与交付制度等方面进一步建立共识。三是在双方现有相互研究成果的基础上，不断加强双方对重大工程项目的建设方法、科技保障、投资筹集方式等重大问题的讨论，并提供具体建议对策。另外，还要充分考虑各方国情不同、社会经济差异、民族文化差异、电源架构与电网结构的不同，彼此加深了解，求同存异，提出东北亚电力互联互通的具体规则，并建立起卓有成效的多级合作与工作机制。当前，随着特高压网络、智慧电网、清洁能源等技术持续发展，区域内联网标准也逐渐走向完善。

二、东北亚核电合作概况

中俄两国在核电方面具有很长的技术合作史。1997 年，江苏核能电力公司和俄罗斯签署了当时世界上最大的科技合作协议。2010 年，中俄双方确定共建田湾核电厂二期工程。在田湾核电厂合作成功的基础上，强化了核电方面的合作。在核电方面，中俄双方都希望选择全球最领先的科技开展合作。我国和韩国都非常关注核电合作，2008 年，当时的韩国总统李明博在出访中国时表示，期待中韩两国加强在核电技术方面的合作。

在核能领域，拥有丰富浓缩铀资源的俄罗斯和具有先进技术优势的日本有很明显的互补性。俄罗斯由于有巨大的核能方面的资源，所以积极开展同日本在核能领域的协作也成为俄罗斯在能源国际外交领域方面的重要任务。2009年5月12日，在俄罗斯总统普京出访日本时，双方就核能协作取得了一致意见，并签署了《俄日原子能协定》。同时，俄罗斯国家核能有限公司董事长基利延科与日本政府经济工业大臣二阶俊博也联合发布了有关两国在和平使用核能领域的共同声明，标志着俄日两国在核能领域的协作获得了实质性的进展。2011年的日本大地震之后，福岛电厂的核泄漏问题给日本核能蓬勃发展的势头造成了巨大的影响，核能使用甚至降至最低水平。不过，从近期的发展情况来看，日本政府部门也积极地逐渐再次使用核能，并将在未来发展核电能源方面进一步加大和俄罗斯的协作。

三、东北亚水电合作

在东北亚国家中，中国、俄罗斯是水能资源丰富的大国，其他国家水能资源相对较少。

俄罗斯的水电资源主要分布在东西伯利亚及远东地区，主要在鄂毕河、叶尼塞河、勒拿河及其支流上。这些地区纬度高，气候寒冷，地形复杂，人口稀少，经济开发程度低，技术落后，基础设施差，开发难度大。目前，在三条河流上仅修建了为数不多的水电站，水电资源开发还有很大的空间，所以这些地方的水电资源一旦得到开发，将会大力促进地区的经济发展和相关产业的发展。按照俄罗斯关于水电开发的政策，未来一段时间，俄罗斯将在东部地区建立多个水电站。但是俄罗斯的远东地区地域辽阔，人口较少，经济落后，所以水电的需求量比较小。但与之邻近的中国的东北地区，地域辽阔，人口密度大，重工业比较发达，需要大量的电力资源供应。中国东北地区的能源结构一直以煤炭为主，能源利用率低下，环境污染严重。随着中国东北地区经济发展，对能源的需求也越来越旺盛。中国东北地区与俄罗斯的远东地区地理位置邻近，将俄罗斯远东地区的水电输送到中国的东北地区，既可大力缓解中国能源供应紧张的状况，也可以改善东北地区的能源结构，减轻环境保护的压力，保护好生态环境。俄罗斯远东地区经济也可以得到发展，从而提高俄罗斯整体的国民经济的增长。大力发展中国和俄罗斯两国之间的水电合作是两国共同的心愿和目标。尽管中俄两国在水电合作方面表现出很大的合作愿望，但目前实际效果并不好。例如，中国水电的龙头企业三峡集团公司已经与俄罗斯方面的水电公司达成并签署了一系列的合作协议，协议规定两国将共同合作开发水电，但是也只是停留在纸面上，并没有很大的实质性的进展。

四、清洁能源与可再生能源技术合作

新型清洁能源包括太阳能、风能、水能、生物能、地热能、潮汐能等，都是可再生能源。开发和使用可再生清洁能源，可大大减少中日韩等能源消耗大国对化石能源的依赖，增加能源供应的多元化，可缓解化石能源价格上涨因素的影响，增强应对化石能源价格变化的能力等。东北亚地区的可再生能源，如太阳能、水能、风能、热能、潮汐能等十分丰富，有着极大的区域合作潜力。

近年来，在传统能源领域、非常规能源领域和电力的生产与转化过程等领域，出现了不少新型的领先科学和新能源科学。在常规能源领域主要有：煤炭的液化状态，煤炭的气化与生物质能发电，以及核能等；在非常规领域主要有：生物质能源发电（密化与气化）、微生物能量（甲醇和生物柴油）、风力能、太阳能、热能、废物回收气、地热；在电力的生产与转化过程领域主要有：废热发电、整体煤气化联合循环发电、清洁能源电动汽车、燃料电池、碳捕获和贮存、提高利用效率的信息技术通信方法（建筑和电网智能资源管理网络）等。通过各方共同研发，以促进在这些新兴洁净能源领域的发展使用，并在降低成本的同时，在更广泛领域内提升新洁净能源领域的可用性。展望未来，在新型洁净能源开发领域，在提高能效和节能减排领域，二氧化碳捕集和封存技术（CCS）等节能减排技术、清洁能源技术等，将是与东北亚地方能源领域合作的重点，并具有更广泛的发展前景。

（一）太阳能

太阳能也是重要的洁净资源和可再生能源。太阳能每天对地面放出的能量约等于 500 万吨煤放出的能量，太阳能的开发应用前景广阔。东北亚属于中高纬度地区，光照充足，太阳能储量大，东北亚国家太阳能能源开发与合作的潜力巨大。

中国太阳能产业发展很快，拥有强大的太阳能电池板生产能力和技术。从多晶硅生产到将成品太阳能电池和组件安装到太阳能电池板上，中国在太阳能电池板制造的各个阶段都占有最大份额。早在2010年，我国制造的太阳能部件就占据了全球总数的50%左右。从2010年至今，中国在太阳能电池板供应链中的平均份额从55%上升到84%。中国在投资方面也继续领先，占全球大规模太阳能投资的约2/3。2022年上半年，中国投资了410亿美元，同比增长了173%[104]。中国与其他国家在太阳能领域的合作，具有很大的技术优势和规模优势。

早在2009年，中国与俄罗斯的相关企业就签订了太阳能合作的协议。协议表明，中国和俄罗斯两国将就共同开发俄罗斯的太阳能电站以及相关的一系列的项目进行合作。为了不断提高能源的利用效率等，2011年，中国和俄罗斯再次签署了可再生能源的合作协议，加强在可再生能源的研究创新方面的合作。2011年6月，俄罗斯电力公司与中国清洁能源公司签署了一系列的协议。2012年2月，中国国家电网公司与俄罗斯联邦能源署、俄罗斯燃料公司在俄罗斯能源署签署了《成立可再生能源合资企业总协议》，推动了中俄两国在可再生能源领域的进一步合作[105]。

蒙古国太阳能资源丰富，太阳能领域的合作也取得了进展。2019年4月17日，中国能建规划设计集团西北院与韩国Saehanbit有限公司在蒙古国首都乌兰巴托签订了蒙古国Bagakhangai 50兆瓦光伏EPC项目排他合作协议。Bagakhangai 50兆瓦光伏EPC项目位于蒙古国首都乌兰巴托东南80千米处的Bagakhangai区，项目占地1.3公顷。项目投资方为韩国Saehanbit有限公司，总承包方为中国能建规划设计集团西北院。该项目是西北院在蒙古国签订的第一个50兆瓦光伏总承包项目。

日本目前已经具备了太阳能电池板制造的成熟工艺与能力，在日本境内已有数十万的工业企业通过太阳能发电，因此太阳能的应用也相当普遍。

（二）风能

风能储量很大，且分布范围广阔，是一种洁净而无污染的可再生能源。在东北亚地区，风能合作领域也非常广阔。在2007年，中国科技部和国家发展和改革委员会共同公布了中国清洁能源全球协作的5个重要领域：太阳能、生物质能源和发电、风力、氢能和燃油电池及其天然气水合物。中国风电产业起步于20世纪80年代，经过几十年的发展，中国风力发电发展速度惊人。据中商情报网可知，2022年1—8月，中国风电行业运行平稳。截至2022年8月底，全国风电装机容量34450万千瓦，同比增长16.6%；风电新增装机容量1614万千瓦，比上年增加150万千瓦[106]。中国用各种不同的交易方式与外企合作，以吸引先进技术。在国家政策的推动下，通过技术攻关、产业化和引进、消化、吸收、再创新，中国风电技术已经有了显著提高，风电设备零部件制造水平也已经有了很大提高，具备了齿轮箱、叶片及电机等关键零部件的制造能力，零部件的出口市场不断扩大，在国际风能市场上已经占据重要的市场地位。

2014年至2016年，日本新能源产业技术综合开发公司（NEDO）在俄罗斯堪察加半岛进行了长达两年的严寒地区的风力发电项目的考察。在综合考察的基础上，2015年秋季，由日本新能源产业技术综合开发公司提供资金和技术支持，在堪察加半岛地区乌斯季堪察斯克建成了风力发电场，总发电功率达到90万瓦[107]。

目前，中国和俄罗斯两国在风能领域的合作取得了很好的成效，乌里扬诺夫斯克风电项目是中俄两国最大的风电合作项目。中国与蒙古国在风能开发利用方面的合作也越来越密切。2016年8月22日，中国电力建设集团股份公司与TBF国际集团有限公司（TBF International Group Inc.）在蒙古国首都乌兰巴托签署了50兆瓦巨龙山风电项目EPC合同。2022年3月，中国能建国际集团分别与蒙古国Megawatt有限公司在蒙古国首都乌兰巴托签署了蒙古国南部能源基地1000兆瓦一期风电项目EPC合同协议；4月，中国能建国际集团与蒙古国MIE有限公司在乌兰巴托签署了马扎莱50兆瓦风电项目EPC合同协议。

（三）节能环保、利用可再生清洁能源方面的合作

东北亚国家在节能环保、可再生清洁能源的利用方面已经达成了广泛共识，并开展了许多合作。例如，中国与日本早在1992年就日本开始实施对华

“绿色援助计划”达成了共识。1993 年 12 月 6 日，中日两国签订了《关于能源利用与环境保护对策的合作议定书（草案）》，根据该议定书的内容，日本将给中国提供世界上领先的技术和设备，在废水处理、废热回收、烟气脱硫等 14 个能源使用环节和节能项目上实施对华援助。2007 年，中日两国呼吁合资设立联合环保基金，以推动中日双方在环境保护和节能等多方面的合作。2007 年，中国政府颁布了《节能环保投资合作指南》，确定了 18 项资源综合利用技术、13 项环境保护技术、23 项节能技术、9 项节水技术作为该领域合作的初步方向。同年，中日双方还就 10 项节能环保项目签署了合作协议。

日本与俄罗斯之间也在节能环保、可再生清洁能源的利用方面开展了诸多合作。2009 年 5 月，时任俄罗斯能源部长什马特科与时任日本经济产业大臣二阶俊博就节能和可再生能源领域合作事宜签署了备忘录。2010 年 3 月和 7 月，为了落实该合作备忘录，日俄两国又就节能环保和可再生清洁能源的利用领域政策研究合作签订了行动计划。

在中国与韩国之间，两国政府高度重视在新能源开发领域的合作，已经制订了一系列新能源领域的开发计划。2008 年，时任韩国总统李明博在访华期间称，希望两国在新能源领域、节能环保、共同应对气候变化等方面加强合作，以实现两国能源产业的转型和升级[49]。

（四）二氧化碳捕集与封存（CCS）技术

二氧化碳收集和封存（CCS）技术在响应世界气候变化过程中扮演着重要角色，这项技术也可以用来对生物燃料和其他产业中的生产过程实施大规模脱碳。目前，二氧化碳收集和封存所需要的许多方法有所突破，包括一些用来增加枯竭油层的采收量的方法已应用了多年。但是要大规模地部署二氧化碳捕集与封存项目，仍面临一系列挑战，其中最大的挑战就是成本。此外，二氧化碳收集和封存技术的部署与完成还需要一个非常漫长的时期，需要很多企业、科技专家、监管机关以及政府等之间开展密切协作。要充分认识到新技术的成本将会随着时代的增长而逐步下降，各方之间最主要的任务就是通过共同研发和不断的试验示范，来促进这种新型技术的研究与实现，以便于分摊费用和成本，以及在更广阔领域里增加可获得和能负担得起的降低排放技术的可用性。各方之间必须主动地共享最可用的技术、最可行的措施，减少利用这种最新技术的市场障碍，以便提升更洁净化石燃料的使用与效益。

中国自2005年开始追求二氧化碳捕集与封存（CCS）技术。2009年，中国与日本开始了“二氧化碳地下储存技术”的战略合作项目。从2008年至2010年，我国已利用国家“863”规划建设项目在二氧化碳收集与封装科学技术的研究工作中投资了超过4300万元。而截至目前，我国高压煤水力发电产业已经完成了3个二氧化碳收集与封存的建设项目，其中，华能北京高碑店热电站作为中国唯一的火力发电机正在进行工业级应用碳捕集工艺科技的建设项目。而我国目前进行二氧化碳收集与封存建设项目的可行性还较为有限，一方面是因为尚未具备二氧化碳收集与包装的工艺科技，另一方面是因为科技专利权转让需要巨大的资金。2009年，美国GE能源有限公司与中国神华集团共同签署合作协议，希望通过与拥有先进二氧化碳收集和封存技术装置的中国IGCC商用电厂项目进行战略合作，对我国煤源发电行业的整体技术提升产生巨大的促进作用。

2022年8月28日，我国最大的碳收集处理和封存（CCUS）全产业链化示范工厂、首个百万吨级CCUS企业项目——齐鲁石油化工—得胜油田百万吨级CCUS建设项目开始注气运营，标志着我国CCUS企业正式开始了成熟的企业化运作。该工程第一年可减排二氧化碳100万吨，等于种植造林的近900万株。CCUS工程是化石资源低碳有效利用的新型工艺，是对工业生产过程中释放的二氧化碳加以收集纯化，继而进入新的工业阶段并加以再使用与封存。齐鲁石油化工—得胜油田百万吨级的CCUS工程为齐鲁石油化工成功收集了二氧化碳，并将其运输至得胜油田加以驱油封存，从而形成了超临界二氧化碳收集、驱油和封存的一体化技术。本次工程涉及的特低渗透油藏已开发储量2500余亿斤，已配置了73个注水口，预计在15年内已投入1000余万斤，增油近300万吨，采收量将增加12个百分点以上。超临界二氧化碳驱油的效果比传统水驱效果大约好上40%，而且开采的原油生产成本也比水驱成本低近20%，封存效率一次就可达到60%至70%，最后封存量达到了100%以上，不但可增加原油生产，而且可降低超临界二氧化碳排放量，同时兼顾生态效益和经济效益。2021年，中国石油化工集团的捕集二氧化碳总量将超过152万吨。“十四五”时期，中国石油化工集团将争取在所属胜利油田、华中油田天然气、江苏油地各再建立两个百亿吨级CCUS示范基地，以推进CCUS产业化发展[108]。

（五）清洁煤炭技术合作

在清洁煤炭环保技术领域，日本具有明显的领先优势。日本领先的清洁采煤技术主要有：煤炭资源效率提升工艺技术，领先的煤气洗选工艺技术、氧燃烧工艺，领先的煤炭生产工艺技术等脱硫脱氮工艺技术，煤气直接液化、加氢气化等煤炭资源转换技术，以及粉煤灰的高效使用工艺技术等。日本积极致力于其先进技术推广与扩散，由于其技术领先，因而在煤炭清洁技术国际合作中占据重要地位。通过提高蒸汽机的压力和温度提升能效的超临界技术（USC），是目前已经商业化的最先进的煤炭发电技术。日本横滨的矶子山第二热电厂，也使用了一种世界顶尖的超临界工艺技术。日本的洁净燃煤工艺技术能够极大降低温室气体的排放量，而日本的公司也在急切地为其洁净燃煤技术寻求出口合作的机遇。日本的三菱重工已经将其超临界循环发电技术许可给了我国哈尔滨锅炉厂，还为哈尔滨锅炉厂研发的燃煤发电、集成气化、联合发电循环系统工艺技术等项目寻找国外市场。煤液化（CTL）技术更成熟，风险更小，环境影响更小。而采用了二氧化碳捕捉和储存技术的煤炭和生物燃料的完全液化技术（CBTL）则因为拥有更少的碳足迹，而尤其具备吸引力。此外，我国和日本也将共同探讨发展生物煤炭煤砖的可行性和途径，将其作为一种煤的替代品，并让它成为缓解污染的一种手段。这些措施将对提高能源利用率、减少温室气体排放起到积极作用。

（六）电力传输与能效提高技术合作

在能效提高领域，最有前途的技术合作还有：发电站内热电效率的提升，能源转换和多次点火技术，用电市场改造，以降低输电损失等多个方面。一般来说，传统的电力输送系统中会浪费较大比例的电能，从电源提供地点到消费场所还会出现很多形式的生态环境问题，例如土地使用、林地破坏、土壤侵蚀等给自然环境的破坏，无线电的噪声与干扰、暴露在电磁场内对人类健康的影响等，电线和输电塔对鸟类造成的有害影响等。提高能源生产和运输效率将可大幅降低二氧化碳和工业生产废物的总量，所以，能源输电联接体系的更新与技术提高的合作，十分有利于各自的经济性与环境效果。

（七）氢能领域的合作

氢能是一种来源充足、环保低碳且使用最普遍的绿色能源，是未来能源结构当中的关键构成，正逐步成为全球能源转型发展的重要载体之一。氢能是通过氢气与氧气反应所产生的能量，不依赖化石燃料，主要以化合形态存在，具有可循环、零排放、可存储、能源互联等特点。从 2022 年 2 月开始，全世界范围内开启了 131 个大规模的氢能研发项目。估计到 2030 年，在世界的氢能领域投入的资金将超过 5000 亿美元。世界能源理事会预计，到 2050 年，氢能在全球能源总消费中所占的比例将达到 25%（大象研究院《2022 中国氢能源产业战略发展报告》）。

《2016 年中国氢能产业基础设施发展蓝皮书》首次提出中国氢能产业的发展路线，对中国中长期的加氢站和氢燃料电池汽车发展目标进行了规划。2019 年，氢能被首次写入了政府工作报告，提出推动充电、加氢站等基础设施建设。2020 年 12 月，新时期我国能源产业白皮书指出，加快开发绿氢制造、储存、使用的氢能源产业链及技术装备，积极推动氢能电池产业链、氢燃料电池汽车产业链的建设。2021 年 11 月，国资委在关于促进中央产业的高效转型，实施碳达峰、碳中和项目的工作建议中进一步提出建立氢能生产制度，实现氢能制、储、输、用一体化布局。2021 年 12 月，中国工信部的“十四五”产业绿色经济发展计划中指出，要促进氢能科技和基础设施的建设，促进氢能资源多元开发利用。2022 年 3 月 23 日，由发展改革委、可再生利用能源局联合研发编制的中国氢能产业国民经济发展多年快速健康发展计划（2021—2035）公布，具体要求充分发挥中央政府计划的作用，着重支持氢能关键行业蓬勃发展。目前，我国是世界上最大的制氢工序生产技术大国，每年制氢工序生产大约 3300 万吨，其中达到国际工业生产制氢质量标准的大约 1200 万吨。目前，我国制氢工艺技术主要是以化石燃油制氢、工业副产氢为主，而太阳能制氢工艺、微生物制氢等新工艺技术也正在研发与示范的阶段。在储氢环节，主要有固态储氢、高压气态储氢、液态储氢和有机物液体储氢等。

日本于 2017 年 12 月提出了氢战略，两年后更新了新的氢能和燃料电池战略路线，并制定了实现目标的措施。韩国也成立了由政府人士和行业专家共同参与的氢经济委员会，明确提出到 2030 年普及 85 万辆氢燃料电动汽车、建设

660 座加氢站。

目前，中日韩在氢能利用方面也有了一定合作。2018 年 11 月，在“中日节能环保综合论坛”上，中日民间企业就氢能领域签署了 24 个合作项目。2020 年 12 月，中韩氢能产业合作洽谈会成功举办。

五、清洁能源领域的主要合作项目介绍

（一）田湾核电站

地处中国江苏连云港高公岛镇柳河村的田湾核能建设项目，是我国和俄罗斯在增进两国政治互信、促进经贸合作、达成双方全方位战略合作关系方针推动下，在核能发展与应用领域实施的高新技术联合行动计划，是两国之间迄今为止最高的科技与经贸合作战略计划建设项目，是促进中俄双方在核电领域全方位协作的重要代表性工程项目，也是中国国家“九五”发展规划期间启动的重大核能建设项目之一。由于田湾核能地理位置、水文等自然条件得天独厚，能容纳 8 台百万千瓦级发电机组，总装机容量将达到 800 万—1000 万千瓦，年均发电 600 亿—700 亿千瓦小时。由江苏省核动力公司作为建设项目施工单位，主要担负了田湾核电站的施工负责管理以及建成后的业务运营。中国核工业集团公司、中电投核电有限公司、江苏国信资产管理集团公司占田湾发电厂的股份比例分别为 50%、30%、20%。

田湾核电厂第一期项目，利用苏联 VVER－1000 设备建造。田湾核电厂 1 期设备于 1999 年 10 月 20 日浇注了第一罐水泥。2005 年 10 月 18 日进行了第一次装料，12 月 20 日反应堆第一次到达了临界点，2007 年 5 月 17 日开始进入商用运作。而田湾核电厂的 2 号机组则于 2000 年 9 月 20 日浇注了第一罐混凝土，2007 年 4 月 1 日反应堆第一次到达了临界点，5 月 14 日第一次并网成功。2 号机组于 2007 年 8 月 16 日进入了商用运作。

田湾核电站二期工程于 2009 年 10 月开工。2010 年 3 月 23 日，中国与俄罗斯在俄罗斯签署了《田湾核电站 3、4 号机组框架合同》。2012 年 12 月 7 日，田湾核电站 3 号机组通过国家核安全局组织的 FCD（The first concrete date，核电工程“零”点，即第一罐混凝土的浇注日期）前核安全检查，同年

12 月 27 日，田湾核电站二期工程 3 号机组开工建设。2013 年 9 月 27 日，田湾核电站 4 号机组核岛完成了第一罐水泥浇灌，也标志着田湾核电站 4 号机组全面启动建造。这是中国重启核电后，审议并批准通过的首个新增核能发电工程。这标志着中俄最大的能源合作项目——田湾核电站顺利进入二期工程全面建设期。2018 年 2 月，田湾核电站 3 号机组投入商业运营，12 月 22 日，4 号机组投入商业运营，标志着田湾核电年站一、二期工程全面建成，被国家主席习近平誉为“中俄核能合作典范项目”。

2015 年 9 月 6 日，中核华兴田湾核电项目部正式收到中国核电工程公司函件，恢复田湾核电 5、6 号机组 FCD 前施工准备工作，田湾核电站 5 号机组额定容量 111.8 万千瓦，采用 M310 + 型压水堆技术，于 2015 年 12 月 27 日正式开工建设，6 号机组于 2016 年 9 月 7 日正式开工建设。2020 年 9 月 8 日，5 号机组具备商业运行条件。2018 年 6 月 8 日，在中俄两国元首共同见证下，中俄签署了包括有关合作建设田湾核电站 7 号和 8 号机组的政府间议定书和框架合同。2021 年 5 月 19 日，中国国家主席习近平在北京通过视频连线的方式，和俄罗斯总统普京一起见证了中俄双方新的核能合作项目的开工典礼。田湾核电站全面建成后，将形成国家又一个大型核能源基地。

（二）中俄乌里扬诺夫斯克风电项目

俄罗斯乌里扬诺夫斯克风电项目位于乌里扬诺夫斯克市市郊，毗邻美丽的伏尔加河畔，是俄罗斯第一个规模性开发的风电项目，也是以中国东方电气集团有限公司（东方电气）自主研发的 2.5 兆瓦直驱风机为代表的中国风电成套设备首次进入俄罗斯风电市场的窗口示范项目。项目采用东方电气的 DF110 - 2500 型风机，是国内首个取得南德意志公司（TÜV）GL 型式认证 A 级证书的 2.5 兆瓦机型，并同时一次性通过了 CE 认证，在设计、生产、安装和调试等方面都符合欧洲标准。俄罗斯乌里扬夫斯克风电项目采用 14 台 DF110 - 2500 LT 直驱永磁低温型风力发电机组。2018 年 12 月 21 日，14 台机组全部成功并网；12 月 31 日，14 台机组全部通过 240 小时试运行。东方风电以专业、优质的服务，赢得了俄罗斯方面的高度认可和好评。乌里扬诺夫斯克风场的顺利投运，实现了该地区风力发电机组零的突破，对俄罗斯进一步发展清洁能源具有重要意义。

（三）中蒙风电项目

2022年3月30日，中国能建国际集团与蒙古国Megawatt有限公司在蒙古国首都乌兰巴托市签署了蒙古国南部能源基地1000兆瓦一期风电项目EPC合同（Engineering Procurement Construction，是指受业主委托，对工程建设项目的设计、采购、施工、试运行等实行全过程或若干阶段的承包合同），实现了蒙古国新能源市场的新突破。该项目位于蒙古国南戈壁省，总装机容量1000兆瓦，分三期建设，其中一期项目规模300兆瓦，二期300兆瓦，三期400兆瓦。蒙古国南戈壁省矿产资源丰富，但电力供应短缺一直制约着该地区采矿业的发展。项目建成后将极大缓解蒙古国南部矿区电力供应紧张的局面，优化蒙古国能源结构，加快清洁能源出口，为蒙古国国民经济发展注入新的动力。

2022年4月20日，中国能建国际集团与蒙古国MIE有限公司在蒙古国首都乌兰巴托市签署了蒙古国马扎莱50兆瓦风电项目EPC合同协议。该项目是继蒙古国南部能源基地风电项目后签署的又一新能源项目，项目位于蒙古国南戈壁省朝格图车策苏木，总装机容量50兆瓦，预计年平均发电量1.8亿千瓦时，每年可减少15万吨二氧化碳排放。该项目位置靠近蒙古国最大煤矿TT矿（塔本陶勒盖煤矿）和最大铜金矿OT矿（奥尤陶勒盖铜矿），建成后将有效缓解该两大矿区电力供应紧张局面，扩大矿产品产能，助力推动当地经济高速发展。

第五章　东北亚能源合作网络的结构特征与演进趋势

东北亚地区能源消费市场巨大，而与此同时能源资源又严重短缺，这种现实中的矛盾成为东北亚各国日益谋求利用区域能源合作和能源通道互联互通建设来实现其能源稳定供给的巨大动因。其实，从 20 世纪 90 年代开始，东北亚各方就相继提出了各种有关地区能源互联的设想。本章分别对传统能源合作网络和新能源合作网络的现状、结构特征与演进趋势进行分析。

第一节　东北亚能源合作网络评价体系

一、社会网络分析法的起源与应用

社会网络分析最初是由英国的人类学家拉德克利夫·布朗（Radcliffe - Brown）在对社区的研究与关注时提出的，他还提出了对社区的总体调查方法。具体地说，社会网络分析法（Social Network Analysis）是指通过信息系统学、数学、社会学、管理学、心理学等多个学科的综合方法与技术，为了解人类世界中各种社交互动关系的基本构成、行为特征分析及其中讯息传递的变化规律而提出的一种可计量的分析方法。

该方法提出后，被经济学、社会学等多个学科广泛应用。将该方法应用于经济合作特别是贸易往来的网络研究时，可以将网络内部各个组织和节点之间的互动关系量化，从而弥补早期贸易网络研究中缺乏规范性且不能有效探究合作网络内部主体之间的关系演化过程的不足。

二、评价体系构建

本书在构建东北亚域内能源合作网络时，将东北亚地区视为一个封闭的区域，区域内部各国即为所构建的能源合作网络的各个节点。本书选取东北亚各国间 3 种传统能源石油、天然气和煤炭的贸易关系作为合作网络的边，两两国家之间的石油、天然气和煤炭的贸易总额则代表边的强度，用于反映网络内各节点也就是各个国家间此种能源贸易的紧密程度。具体选取下列指标对东北亚的能源合作网络进行分析。

（一）程度中心性分析

"中心性"是社区网络分析的研究要点之一，涉及局部点的中心性和整体社区网的中心势。局部某节点程度中心性，是指在整个社区网络中与此节点进行连结的节点的数量，连结节点的数量越多，其程度中心性就越高，同时与此节点进行相互联系的节点数量也多，具体可表现为节点所能获得的社区网络资源越丰富，从其他节点中获得信息或资源的强度也更强，即该节点在整个社区网络中的影响力就越来越大（式 1）。另外，任务中心性还包括出度与入度，出度既是由节点对外产生的联系，也表现出了某节点对其他节点的控制；入度是由其他节点与某节点产生的作用，表示某节点受其他节点的作用。在本书中，出度代表东北亚地区某国家向区域内其他国家的石油/天然气/煤炭的贸易出口额，入度代表东北亚地区某国家从区域内其他国家进口的石油/天然气/煤炭的贸易额。

$$C(i) = \sum_{i} M_{ij} = \sum_{j} M_{ji} \tag{1}$$

（1）式中，$C(i)$ 表示 i 节点的程度中心性，i 代表进口国，j 代表出口国。M_{ij} 只有 0 和 1 两种取值，表示两个节点之间是否存在联系，0 在本书中表示两节点不存在石油/天然气/煤炭的贸易联系，1 代表两节点存在石油/天然气/煤炭的贸易联系。

在比较不同规模的社会网络时，考虑到不同社会网络中的节点数目可能不同，不同局部点的程度中心性无法比较，因而采用了相对程度中心性，即局部点的程度中心性与网络中节点所能连接的最多节点的数目的比值（式 2）。

$$C'(i) = \frac{C(i)}{(n-1)} \tag{2}$$

（2）式中，$C'(i)$ 表示某节点标准化的程度中心性，n 表示节点总数。

此外，网络中心势用以刻画整个网络的中心趋势，网络中心势越小，说明整个网络的中心越分散，即网络的集权现象越不明显（式 3）。中心势数值越高，说明社会网络中的权力集中现象越明显，即权力优势集中在少数人手中。

$$C_A = \frac{\sum_{i=1}^{n}[C_A(i)^{\max} - C_A(i)]}{\max\sum_{i=1}^{n}[C_A(i)^{\max} - C_A(i)]} \tag{3}$$

（3）式中，$C_A(i)^{\max}$ 是网络中节点程度中心性的最大值，C 代表整个网络的中心势。

（二）密度分析

密度是社会网络分析中的重要测度，是指网络中实际存在的线的条数与理论上最多可能产生的线的条数之比，可以衡量网络中各点之间邻接的紧密程度，在此用以表征东北亚能源贸易网络中各国的石油/天然/煤炭的贸易往来的强度，密度越小，贸易往来的强度越弱，密度越接近于 1，贸易联系越紧密。

$$P = \frac{2L}{n(n-1)} \tag{4}$$

P 代表社会网络密度，L 为社会网络中发生联系的两点之间线的数目，n 为网络中的节点数[109]。

（三）结构聚类分析

网络中的节点通常存在差异，通过计算任意两个节点之间的欧几里得距离比较两个节点之间的相似程度。其数值越小，就表明两个国家在东北亚能源贸易网络结构中的差异性越小，即两个国家的进口国或出口国、能源进口量或出口量越相似，在整个石油贸易网络中对其他国家的影响作用越趋于一致。

（四）东北亚能源网络的演化分析

基于东北亚域内能源经济依赖度分析和能源首位进出口国分析，进一步探究东北亚域内能源贸易网络的演化趋势。以石油合作网络为例，在以往的研究中，通常选用石油对外依存度来分析一个国家的石油依赖度，即石油贸易进出口总额与该国石油消费量的比值[110]。但是石油对外依存度表示的是一个国家对区域内所有国家的依赖度，而无法表示一个国家对某一个特定国家的依赖度。所以本书采用该国到另一国家的石油进出口额与该国石油消费量的比值①，即石油经济依赖度来分析比较东北亚域内每个国家对其他各个国家的石油经济依赖度，进而分析依赖度的大小差异对国家间关系产生的重大影响。计算石油资源首位进出口国时，将中、日、韩、蒙和俄罗斯五国视为一个群体，通过计算 2001 年、2005 年、2009 年、2013 年、2017 年和 2021 年的石油资源首位进出口国，进行时间尺度的纵向比较，分析各个国家在该区域内的石油资源影响力。

第二节　东北亚石油贸易网络的结构特征与演进趋势

一、资料选取

本书选取 2001 年、2005 年、2009 年、2013 年、2017 年和 2021 年等 6 年的数据，进行纵向分析，以此刻画东北亚地区石油贸易网络格局的时空演化。采用中国、韩国、蒙古国、俄罗斯、日本 5 个国家相互间石油进出口额与各国石油消费量进行计算分析。其中，进出口数据来源于联合国商品贸易数据库，海关编码即 HS 编码筛选出石油上下游产业（见表 5 - 1），石油消费量来源于《BP 世界能源统计年鉴》。本书选取了《中华人民共和国海关进出口商品规范申报目录及释义（2019 年）》中的石油上下游产业 HS 编码。

① 例如：甲国对乙国的石油经济依赖度 = 甲国从乙国的石油进口量（乙国到甲国的石油出口量）/甲国的石油消费量。

表 5－1　　石油上下游产业分类（HS 编码）

HS 编码	通用名称	阶段
270900	石油原油	上游
271129	其他气态石油气及烃类气	下游
271312	已煅烧石油焦	
271320	石油沥青	
271390	其他石油等矿物类的残渣	
340311	含有石油类的处理纺织等材料制剂	
340319	其他含有石油或矿物提取油类制剂	
381121	含有石油的润滑油添加剂	
381129	不含石油的润滑油添加剂	
391110	初级形状石油树脂等	

本书对数据进行了以下处理：考虑到数据的可得性，本书只研究中、日、韩、蒙和俄等五国间的石油贸易联系，只计算中、日、韩和俄四国间的石油对外依存度。其中，中国的数据仅包含中国大陆，不包括香港、澳门和台湾省。由于存在某些年份部分国家的数据缺失，进出口两国就某类货物的贸易额记载存在差异等情况，当关系国间石油贸易进出口额存在差异时，则取两国加和平均值为该关系国之间的进出口额；若某国进出口到另一国家的数据缺失，则选取对方国家的统计值或最临近年份的统计值。

二、东北亚石油贸易网络构建及特征分析

（一）东北亚石油贸易网络的构建

东北亚区域石油贸易网络是国家间石油贸易关系的集合，每一个国家都是石油贸易网络中的节点，国家之间的连线表征国家之间发生石油贸易往来。石油贸易网络系统可表示为：$N = (C, M)$。$C = \{c_1, c_2 \cdots, c_5\}$ 表示石油贸易网络中的点，$M = \{m_{ij}\}$，表示国家 i 与国家 j 之间的贸易流。将东北亚区域内的 5 个国家在地图上显示，依据上述原理，构建贸易网络结构图（见图 5－1、图 5－2）。

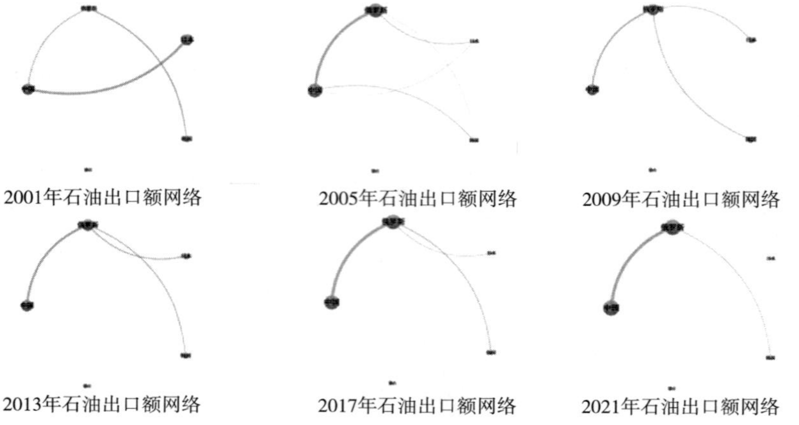

图 5－1　2001—2021 年东北亚国家石油出口额网络结构图

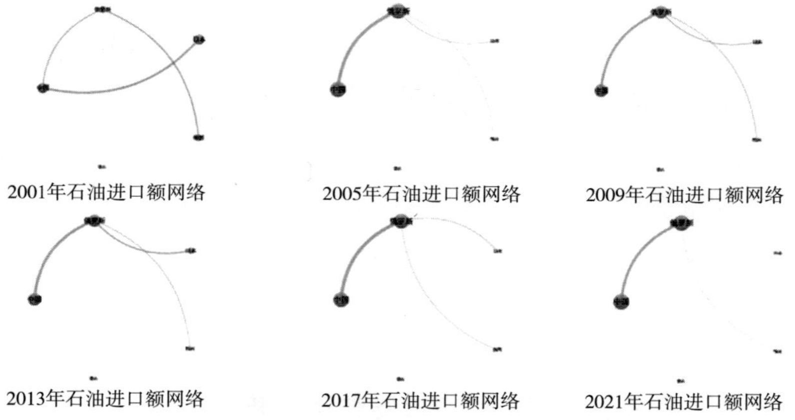

图 5－2　2001—2021 年东北亚石油进口额网络结构图

分析东北亚石油贸易网络发现，2001 年到 2021 年间，东北亚石油贸易网络密度在以四年为区间的跨度内发生显著变化。2001 年至 2005 年日本经济出现萎缩现象，在此期间中国与日本以及俄罗斯与日本间的贸易密度显著下降。在 2005 年至 2009 年间，日本基于想要打破领土问题僵局以及成为政治大国等在政治、经济、安全问题方面的一些战略目标，在历史与俄罗斯交好的背景下，开始逐渐加强与俄罗斯的合作。

2009 年至今，东北亚地区各国依靠地缘优势和日益紧密的经济联系，以多种方式进行能源合作，国家间的贸易联系逐渐增强并逐渐恢复至20世纪初期的石油能源贸易网络形态，以保障各国的能源安全和共同利益。

相比于其他国家，俄罗斯的石油贸易最为频繁，其中以中国和日本最为密切。中国与俄罗斯自20世纪末建立战略伙伴关系以来，双方不断开展石油能源合作。尤其是2008年美国在实现页岩气革命之后，不断加大对俄罗斯的能源制裁，此时中国经济进入快速发展阶段，能源需求逐渐增大，加之地理位置邻近，能源基础设施完备，中俄石油贸易合作愈加稳固[111]。

（二）东北亚石油贸易网络结构特征分析

1. 群体网络特征分析

从网络密度来看，2001年到2021年东北亚石油能源贸易网络密度变化主要划分为两个阶段。其中，2001—2005年贸易网络密度明显降低，说明东北亚石油能源贸易往来有所衰减；2005—2021年网络密度明显升高，说明东北亚石油能源贸易往来越来越频繁、越来越密切，石油对各个国家的重要性在不断上升。其中，2005—2009年，贸易密度上升幅度较大，2009—2021年上升趋于平缓（见表5-2）。

表5-2　2001—2021年东北亚域内国家石油能源贸易网络群体指标分析

网络指标	2001年	2005年	2009年	2013年	2017年	2021年
密度	0.0824	0.0625	0.0736	0.0782	0.0793	0.0815
群体程度中心性	35.12	27.64	34.00	37.26	28.44	29.16

从图5-3显示的变化可以看到网络联系整体呈现出先降低后增加的趋势。同时，从表5-2可以发现，2001—2021年东北亚石油能源网络群体程度中心性变化呈现先降低、后增长、又降低的趋势，2001—2005年大幅度下降，2005—2013年的两个周期内均有大幅度的上升，2013—2021年又大幅度下降后小幅度上升，说明东北亚国家之间的石油贸易往来经历了相对集中—相对分散—相对集中—相对分散的变化。

2. 程度中心性分析

综合表5-3和表5-4的数据，纵向比较2001—2021年的石油贸易网络

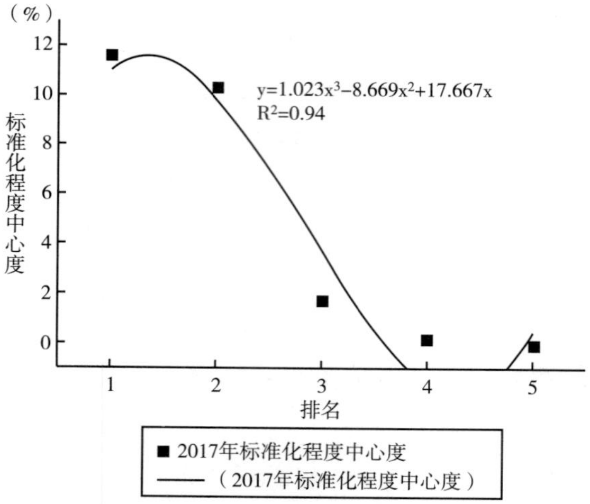

图 5－3　2017 年东北亚域内石油经贸网络程度中心性

程度中心性可知，20 年间，东北亚域内石油能源贸易程度中心性整体格局基本不变。从名次变化来看，蒙古国与韩国的程度中心性一直较低，2001—2017 年排名分别一直处于第四和第五位。2001 年的前三位包括中国、日本和俄罗斯，一直持续到 2017 年。2001—2005 年俄罗斯超过日本与中国成为石油能源贸易网络程度中心性最高的国家，并且一直维持到 2017 年。从数值来看，中国和日本的程度中心性分别有不同程度的降低；蒙古国与韩国变化甚微；俄罗斯总体呈大幅上升趋势，近年略有回落，但仍然很高。由此可见，俄罗斯与东北亚域内各国的石油经贸往来量快速增长。

表 5－3　2001—2013 年东北亚域内国家石油贸易网络程度中心性

标准化程度中心性	2001 年		2005 年		2009 年		2013 年	
	值	排名	值	排名	值	排名	值	排名
中国	14. 55	1	10. 60	2	10. 53	2	10. 40	2
日本	10. 74	2	2. 04	3	4. 31	3	5. 30	3
俄罗斯	5. 29	3	11. 46	1	13. 96	1	15. 17	1
蒙古国	0. 04	4	0. 02	4	0. 18	4	0. 27	4
韩国	0. 00	5	0. 00	5	0. 00	5	0. 00	5

表 5－4　　2017 年东北亚域内国家石油贸易网络程度中心性及其出度与入度

	程度中心性值	排名	标准化出度	标准化入度
中国	10.27	2	0.3750	12.8375
日本	1.67	3	0.1625	1.9625
俄罗斯	11.56	1	14.4500	0.0250
蒙古国	0.16	4	0.1875	0.0125
韩国	0.00	5	0.0000	0.0000

分析 2017 年的数据可知，中国与俄罗斯的石油资源贸易网络程度中心性相差较小，结合往年数据可知中国近 17 年程度中心性都大于 10%，处在较高水平，说明中国与东北亚域内其他国家石油贸易来往一直都较为密切，这也表现出中国外交对东北亚国家的重视度。就东北亚区域网络而言，俄罗斯的影响力是其他国家不能达到的，其石油能源储量、石油经贸政策、对外国家关系等一旦发生变化，将会对东北亚的石油贸易产生巨大影响。中国的中心性相比 2001 年虽然有所下降，但依然仅次于俄罗斯，作为世界第二大经济体在石油方面对东北亚的影响也很显著。

根据程度中心性以及 SPSS 聚类分析，2017 年时，5 个国家大致可分为三类：其中中国和俄罗斯较为相似，程度中心性值较高，代表中国和俄罗斯在东北亚国家中的重要性最高，与其他国家石油经贸往来非常频繁；而蒙古国和日本的值较低，可视为中等中心性国家；韩国的程度中心性为零，在东北亚地区基本没有参与石油经济贸易往来。这导致有明显的等级划分，中国和俄罗斯处于较为核心的地位，对周边国家影响力较高，而日本、蒙古国对周边国家的影响力较小，韩国则处于边缘地位，对其他国家的影响力极其微弱甚至为零。这表现出了该网络的不均质性，同时也说明国家石油储量、国家能源影响力的不平衡性。

从标准化出度和入度（见表 5－5）来看，5 个国家的总体出度与入度排名差别较大。中国 2001 年入度比其他年份较低，其余 4 年基本稳定在一个水平，较 2001 年增长 1 倍，出度逐年降低，但 2001 年至 2005 年下降最快，并且中国的出度和入度排名相差较大，说明中国经济对石油的出口依赖度越来越小，但进口量逐渐增大，以维持中国社会经济生活正常进行。

表 5－5　2001—2017 年东北亚域内石油能源贸易网络程度中心性出度与入度

国家	标准化入度				
	2001 年	2005 年	2009 年	2013 年	2017 年
中国	0.0680	0.1295	0.1316	0.1300	0.1284
日本	0.1343	0.0255	0.0520	0.0645	0.0196
俄罗斯	0.0036	0.0011	0.0005	0.0004	0.0003
蒙古国	0.0003	0.0001	0.0000	0.0005	0.0001
韩国	0.0000	0.0000	0.0000	0.0000	0.0000
国家	标准化出度				
	2001 年	2005 年	2009 年	2013 年	2017 年
俄罗斯	0.0661	0.1433	0.1745	0.1896	0.1445
蒙古国	0.0003	0.0003	0.0023	0.0030	0.0019
日本	0.1100	0.0044	0.0045	0.0020	0.0016
中国	0.1286	0.0085	0.0030	0.0008	0.0004
韩国	0.0000	0.0000	0.0000	0.0000	0.0000

日本的入度也是在 2001 年至 2005 年急剧下降，并且日本的入度与出度的趋势较为相似，走向大致均为降低，但不同的是入度在 2013 年反弹升高，在 2017 年依旧呈下降趋势。俄罗斯在前四年中出度呈增长趋势，在 2017 年下降约 5 个百分点，除 2001 年外，俄罗斯的标准化出度一直排名第一，其入度在逐年下降，它的值均没有超过 1 个百分点，说明俄罗斯对东北亚其他国家的石油出口量一直很高。蒙古国进出口数量很少，并且在 2009 年的入度为零，由表 5－5 可知它的入度排名第四，而出度则是排到了第二名，但总体数据偏低，证明它与其他国家联系并不高度密切，从另一方面表现出它的需求量较低，基本为供大于需的状态。韩国的标准化出度和标准化入度均为零，表明韩国与其他东北亚域内国家没有贸易往来。从表 5－5 中可以看出中国和俄罗斯较为相似，与其他 3 个国家石油经济联系较为密切，蒙古国和日本则与东北亚地区内国家联系较少，而韩国基本不与东北亚各国进行贸易往来，说明韩国的石油能源供需关系对其他 4 个国家没有影响力。

3. 结构聚类分析

由 2017 年东北亚域内国家石油能源贸易网络结构聚类图（见图 5－4）可以发现，在东北亚石油能源贸易网络中，相似性较大的国家是中国和俄罗斯。

在2017年，两者对蒙古国与日本都有较大的石油出口量。其中，中国和俄罗斯对日本的石油出口量分别达到了4000万与37亿美元，并且中国和俄罗斯对蒙古国也有较高的石油产品出口量。

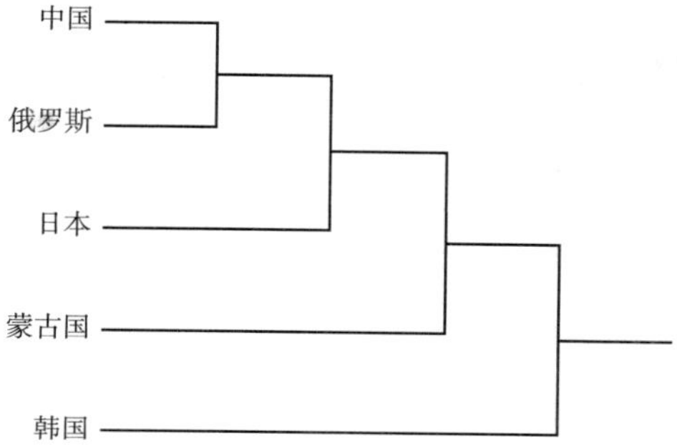

图5-4　2017年东北亚域内国家石油能源贸易网络结构聚类图

中国、俄罗斯和日本三国在东北亚石油能源贸易网络中也具有一定的结构相似性，在2017年三者均对蒙古国出口石油产品。蒙古国、韩国与其他国家的结构相似很小，蒙古国仅与中国有石油能源贸易往来，而韩国仅与俄罗斯有贸易往来，表明两者与其他国家在此贸易网络中存在较大差异。这与国家间的比较优势差异有密不可分的联系，这种差异导致了网络结构的不同。

三、东北亚石油贸易网络演化影响因素分析

分别计算东北亚域内五国在2001年、2005年、2009年、2013年、2017年和2021年的石油资源首位进出口对象国次数以及石油经济依赖度，得到表5-6、表5-7和表5-8。

由表5-6可知，2001年分别有1个国家的首位进出口对象国是日本和俄罗斯，有3个国家的首位进出口对象国是中国，而到2017年中国下降为3个，日本下降为0，俄罗斯上升为4个。综合来看，俄罗斯是域内与他国石油资源联系最为密切的国家。除去2001年，日本、蒙古国和韩国成为首位进出口对象国的次数一直为0，这与本国自然环境、石油储量有着极大的联系。首先，其自身的石油储量很小，较大的人口密度带来较大的石油需求量，本身储量难

以满足自身需求；其次，与国家政策有关，对不可再生能源的保护能够在一定程度上降低其对本国自身能源储存量的使用。纵观16年的变化，2005年之前东北亚域内的所有国家与中国的石油资源贸易联系密切，而2013年中国已逐渐从石油出口大国阶段进入转型时期。

表5－6　2001—2017年东北亚域内石油资源首位进出口对象国次数统计

成为首位进出口对象国	2001年	2005年	2009年	2013年	2017年	2021年
中国	3	1	2	2	1	1
日本	1	0	0	0	0	0
俄罗斯	1	3	2	3	4	4
蒙古国	0	0	0	0	0	0
韩国	0	0	0	0	0	0

同时结合贸易网络可发现，相比2005年之后，2001年成为首位进出口对象国的次数较为分散，中国、日本和俄罗斯都有成为首位进出口对象国的记录。国家之间的贸易往来量虽然较少，但是具有联系的国家数量较多，所以使2001年东北亚石油能源贸易网络密度显著高于在其之后年份的网络密度。

从表5－7可以发现，中国对日本与韩国的石油依赖度常年为0，并且有一直保持下去的趋势。中国对东北亚域内其他所有国家的依赖度呈明显上升趋势。中国对俄罗斯的石油经济依赖度上升幅度极大，从2001年的0.77%增长到2021年的9.97%；中国对蒙古国的石油经济依赖度也呈现出在低水平上的小幅上升趋势，从2005年的0.01%上升到2021年的0.21%。由此可以看出，在东北亚域内中国石油绝大部分来源于俄罗斯，并且从俄罗斯进口的比重也在逐年增长。

表5－7　2001—2017年中国与东北亚域内其他国家石油经济依赖度分析

国家	中国对其他国家石油经济依赖度					
	2001年	2005年	2009年	2013年	2017年	2021年
俄罗斯	0.77	4.01	3.83	4.71	9.79	9.97
日本	0.00	0.00	0.00	0.00	0.00	0.00
韩国	0.00	0.00	0.00	0.00	0.00	0.00
蒙古国	0.00	0.01	0.06	0.12	0.17	0.21

由表5－8可发现，日本的石油主要来源于俄罗斯，在2010年前中国也是

日本石油的出口国之一。通过比较各年份的经济依赖度综合发现，日本对东北亚域内其他国家的石油经济依赖度在 2001—2017 年总体呈现上升趋势，其中部分阶段有小幅下降；并且在东北亚域内，俄罗斯、中国和日本的程度中心性排名稳定在前三，比较可知，经济依赖度越高，成为首位进出口对象国的次数越多，贸易网络中该国程度中心性越高。

表 5－8　2001—2017 年日本与东北亚域内其他国家石油经济依赖度分析

国家	日本对其他国家石油经济依赖度					
	2001 年	2005 年	2009 年	2013 年	2017 年	2021 年
俄罗斯	0.11	0.63	2.67	5.65	4.78	4.89
中国	1.50	0.29	0.12	0	0	0
韩国	0	0	0	0	0	0
蒙古国	0	0	0	0	0	0

由此可见，东北亚域内各国之间的石油储量随时间推移差距越来越大，导致石油经济依赖度不断升高。结合贸易网络可知，贸易网络密度主要受如下两个因素影响。

（1）国家之间经济依赖度。显而易见，2001 年具有石油资源首位进出口对象国次数记录的有 3 个国家，而 2005—2017 年仅有 2 个国家，考虑到数据的准确性，为减少其他因素对结果的影响，单独研究 2005 年及其以后年份的数据得到图 5－5。观察图 5－5 可知，两个国家之间石油经济依赖度越高，石油贸易往来越密切，贸易网络密度越高，经济依赖度对贸易网络密度的影响呈正相关。

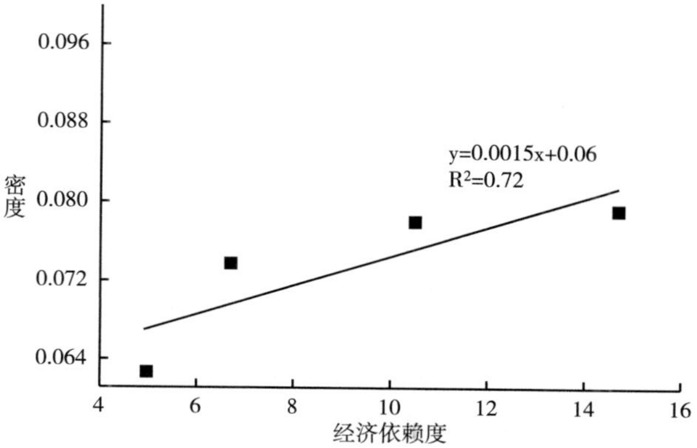

图 5－5　贸易网络密度随经济依赖度的变化散点图

（2）石油资源首位进出口对象国次数分布情况。将 2001 年与之后的任意年份相比较可发现，2001 年经济依赖度的总和比之后任意年份总和都小，但是其网络密度却很高，可以发现石油资源首位进出口对象国次数分布越分散，贸易网络线条越密集，网络密度越高。

综上所述，国家之间经济依赖度与石油资源首位进出口对象国次数分布对网络密度皆有较大影响，相比经济依赖度所引起的贸易量的增加，首位进出口对象国分布的分散情况所引起的网络中线条数目的增多对密度的影响更为显著。

四、小结

本部分着重从国家间的石油贸易来往的角度分析东北亚各国的影响力与石油相互依存关系，在分析石油经济依赖度、石油资源首位进出口对象国的基础上，借助社会网络分析方法通过计算贸易网络标准化程度中心性、网络密度、出度和入度对东北亚石油能源贸易网络进行全面剖析并且探索其内部关系，得出以下结论。

第一，总体上东北亚各国在石油能源的贸易来往中的相对依赖性相差较大，中国、日本对俄罗斯的石油经济依赖度高于对域内其他国家的依存度，同时中国对蒙古国具有较小的依赖度，而俄罗斯、蒙古国对东北亚各国几乎无依赖度。国家间不对等的石油经济依赖度极有可能受到国家关系的冲击，进而对东北亚石油能源贸易网络产生强烈影响。中国提出的“一带一路”倡议，通过合作共赢的发展方式稳固国家间的关系，同时充分挖掘贸易潜力，在一定程度上既维持了东北亚石油能源贸易网络的稳定性，又对国际能源贸易局势起到了维护作用。

第二，基于石油能源贸易网络结构分析可知，近几年东北亚各国石油能源贸易联系趋于紧密，但上升趋势趋于平缓，始终集中于少数国家。相比经济依赖度所引起的贸易量的增加，首位进出口对象国分布的分散情况所引起的网络中线条数目的增多对密度的影响更为显著。其中，中国和俄罗斯处于较为核心的地位，对区域内国家影响力较大，而日本、蒙古国对周边国家的影响力较小，韩国则处于边缘地位，对其他国家的影响力极其微弱甚至为零。

第三，东北亚石油贸易网络的紧密程度有待于进一步加强，中国有望通过自身的影响力，推动东北亚各国之间构建良好的国际关系，使更多的国家参与石油贸易，建立更加紧密的石油能源贸易联系，从而打造坚定的能源后盾，弱化当今国际能源愈发紧张的贸易局势的影响力，在新能源尚未普及前切实加强自身能源基础。

本书力求通过东北亚石油贸易网络分析各国之间的贸易联系，但仍存在以下不足之处：第一，该石油贸易网络并不全面，虽然可以很好地分析东北亚国家间的石油贸易关系，但是实际情况的复杂性不能被很好地纳入分析；第二，局限于对东北亚国家之间的分析，未考虑本地区国家与其他地区国家之间的联系，即没有结合与其他地区国家的贸易往来。

第三节　东北亚天然气贸易网络的结构特征与演进趋势

一、资料选取

本书选取 2001 年、2005 年、2009 年、2013 年、2017 年和 2021 年六年数据进行纵向分析，以此刻画东北亚地区天然气贸易网络格局的时空演化。采用中国、韩国、蒙古国、俄罗斯、日本五个国家相互间天然气进出口额与各国天然气消费量进行计算分析。其中，进出口数据来源于联合国商品贸易数据库，海关编码即 HS 编码筛选出天然气，天然气消费量来源于《BP 世界能源统计年鉴》。本节选取了《中华人民共和国海关进出口商品规范申报目录及释义（2019 年）》中的 HS 编码为 2711 的液化天然气项目。

二、东北亚天然气贸易网络构建及特征分析

（一）东北亚天然气贸易网络的构建

东北亚区域煤炭贸易网络是国家间煤炭贸易关系的集合，每一个国家都是

煤炭贸易网络中的节点，国家之间的连线表征国家之间发生煤炭贸易往来。煤炭贸易网络系统可表示为：$N = (C,M)$。$C = \{c_1, c_2, \cdots, c_5\}$ 表示煤炭贸易网络中的点，$M = \{m_{ij}\}$，表示国家 i 与国家 j 之间的煤炭出口和煤炭进口的贸易流。将东北亚区域内的五个国家在图上显示，依据上述原理，构建东北亚煤炭进口贸易和出口贸易的网络结构图（见图 5－6、图 5－7）。

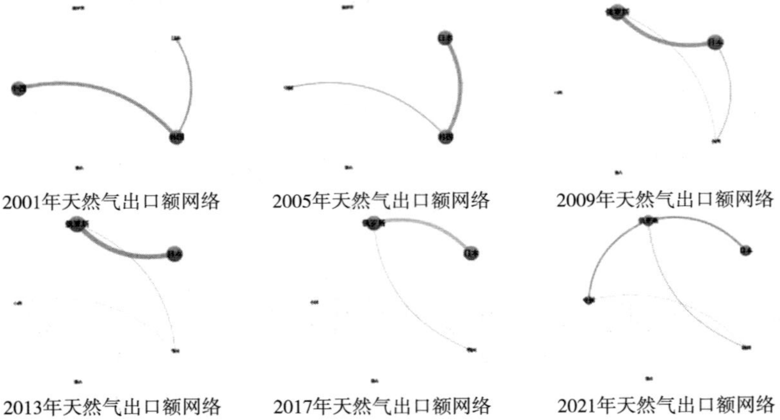

图 5－6　2001—2021 年东北亚国家天然气出口额网络结构图

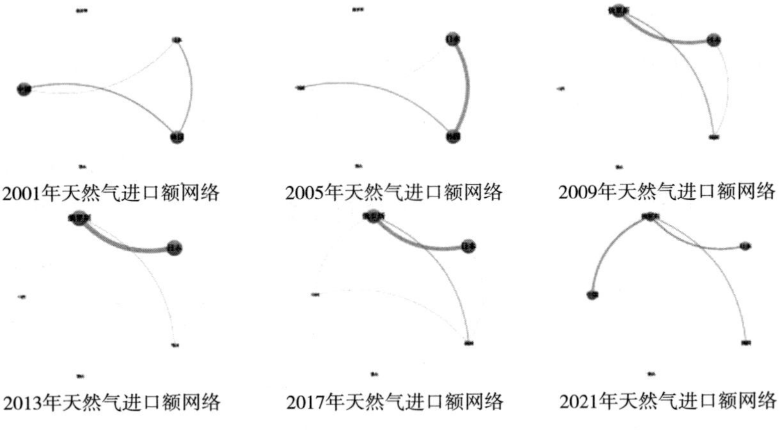

图 5－7　2001—2021 年东北亚国家天然气进口额网络结构图

（二）东北亚天然气贸易网络结构特征分析

1. 群体网络特征分析

从网络密度来看，从 2001 年到 2021 年东北亚天然气贸易网络密度基本没有变化。除了2009年略有降低，密度值为0.3以外，其他年份都为0.4。这表明东北亚的国家之间天然气贸易往来基本平稳，没有发生太大的变化（见表5－9）。

表5－9　2001—2021年东北亚国家天然气贸易网络群体指标分析

网络指标	2001年	2005年	2009年	2013年	2017年	2021年
密度	0.4	0.4	0.3	0.4	0.4	0.4

2. 程度中心性分析

综合表5－10数据，纵向比较2001—2021年的天然气贸易网络程度中心性可以看出，20年间，中国在东北亚域内天然气贸易的程度中心性地位先降后升，从2001年的0.261降至2013年的0.013，在2013年之后程度中心性再次回升，到2021年升至0.271，这说明中国参与东北亚区域天然气贸易的强度和水平先下降后上升。俄罗斯在2001—2021年在东北亚天然气贸易网络格局中的变化巨大，从数值来看，从2001年的0.002上升至2021年的0.407，成为东北亚地区天然气贸易网络中的绝对核心，由此表明，俄罗斯参与东北亚天然气贸易的活跃度越来越高，也就是说与东北亚的其他国家有着更多的天然气贸易往来。日本与韩国两国的程度中心性及变化趋势相似，表明与东北亚其他国家的天然气贸易合作较为稳定。蒙古国从变化趋势来看，也有着逐渐参与地区煤炭贸易合作的趋势，从2001年的程度中心性为0，也就是没有和东北亚国家进行煤炭领域的交易，到2009年开始与东北亚国家有天然气贸易的往来，表明蒙古国在这20年间积极寻求与周边国家的天然气合作。

表5－10　2001—2021年东北亚国家天然气贸易网络程度中心性

标准化程度中心性	2001年		2005年		2009年	
	值	排名	值	排名	值	排名
中国	0.261	2	0.078	3	0.028	4
俄罗斯	0.002	4	0.002	4	0.294	2
日本	0.179	3	0.259	2	0.302	1
韩国	0.420	1	0.320	1	0.048	3
蒙古国	0.000	5	0.000	5	0.002	5

续表

标准化程度中心性	2013 年		2017 年		2021 年	
	值	排名	值	排名	值	排名
中国	0.013	4	0.048	4	0.273	2
俄罗斯	0.272	1	0.327	1	0.407	1
日本	0.262	2	0.272	2	0.129	3
韩国	0.046	3	0.102	3	0.068	4
蒙古国	0.001	5	0.000	5	0.001	5

标准化出度根据东北亚各国向域内其他国家出口计算得出，标准化入度根据东北亚各国从域内其他国家进口计算得出。从标准化出度和标准化入度（见表 5－11）计算结果来看，各国变化都较为显著。中国的标准化出度在逐渐降低，与此同时标准化入度在不断升高，这表明中国向东北亚其他国家的天然气出口量在减少，从东北亚其他国家的天然气进口量在逐渐增加，也就是说中国从域内的天然气出口国转变为天然气的进口国。俄罗斯的变化趋势与中国相反，标准化出度逐年升高，从 2001 年的 0 升至 2021 年的 0.530，而标准化入度则一直处于较低的水平，这表明俄罗斯是东北亚地区的天然气出口大国，在对地区其他国家的天然气出口格局中占据绝对中心地位，这也和俄罗斯天然气储量丰富，同时近些年来积极寻求与东北亚国家进行天然气合作的现状相吻合。日本的标准化出度在逐渐降低，而标准化入度在逐渐升高，表明日本从东北亚国家的天然气进口量在逐渐增加，这也和日本积极与俄罗斯进行天然气领域的合作的现状相符合。同样是这种趋势的还有韩国，其标准化出度也在逐渐降低，而标准化入度在逐渐升高，说明韩国也在增加从东北亚国家的天然气进口量。

表 5－11　2001—2017 年东北亚域内天然气贸易网络程度中心性出度与入度

国家	标准化出度					
	2001 年	2005 年	2009 年	2013 年	2017 年	2021 年
中国	0.000	0.027	0.001	0.005	0.000	0.000
俄罗斯	0.000	0.001	0.284	0.272	0.311	0.530
日本	0.063	0.256	0.036	0.010	0.014	0.016
韩国	0.332	0.159	0.026	0.010	0.030	0.046
蒙古国	0.000	0.000	0.000	0.000	0.000	0.000

续表

国家	标准化入度					
	2001 年	2005 年	2009 年	2013 年	2017 年	2021 年
中国	0. 261	0. 039	0. 017	0. 006	0. 040	0. 273
俄罗斯	0. 001	0. 002	0. 001	0. 000	0. 000	0. 001
日本	0. 133	0. 257	0. 261	0. 252	0. 256	0. 232
韩国	0. 083	0. 160	0. 118	0. 034	0. 074	0. 123
蒙古国	0. 000	0. 000	0. 001	0. 001	0. 001	0. 002

3. 网络中心势分析

在整体网络中心势方面，2001—2021 年东北亚天然气贸易网络整体网络中心势呈现出先降低后增加的趋势，即在 2001—2017 年降低，2017—2021 年增加，说明东北亚国家之间的煤炭贸易网络经历了相对集中—相对分散—相对集中的变化。在出口网络中心势方面，呈现出先降低再升高的趋势，说明煤炭出口贸易网络也经历了相对集中—相对分散—相对集中的变化。在进口网络中心势方面，数值基本不变，说明东北亚天然气进口网络呈现出基本稳定的趋势（见表 5 - 12）。

表 5 - 12　　东北亚天然气贸易网络中心势

网络中心势	2001 年	2005 年	2009 年	2013 年	2017 年	2021 年
整体网络中心势	0. 4127	0. 3127	0. 2673	0. 2555	0. 2947	0. 3851
出口网络中心势	0. 3156	0. 2095	0. 2685	0. 2661	0. 3004	0. 5141
进口网络中心势	0. 2060	0. 2070	0. 2264	0. 2417	0. 2274	0. 1831

三、天然气管道互联项目与构想

（一）中俄天然气管道互联构想

中俄天然气管道建设项目是目前东北亚地区唯一已经施工的天然气管道互联项目。2014 年 5 月 21 日，中俄两国政府在上海签署了《中俄东线天然气合作项目备忘录》，负责具体落实的中国石油天然气集团公司和俄罗斯天然气工业股份公司也同步签署了《中俄东线供气购销合同》。中俄东线天然气管道建成后，预计每年可输送来自俄罗斯380亿立方米的天然气，相当于2018年我国全年用气量的1/7。中俄东线天然气管道工程中方境内长3371千米，始于中俄边境城市黑河，终点设在上海，整个工程预计在2024年全线实现贯通并通气。俄罗斯西伯利亚部分的管道从2014年9月开始建设，全长近4000千米。

（二）日俄天然气管道互联构想

相比中俄天然气管道互联互通构想，日俄天然气管道互联互通构想很早就被提及。从20世纪70年代开始，日俄两国民间就开始提出各种天然气管道连接的构想方案，但一直都未有实质性的成果推进。2016年12月，俄罗斯总统普京访日期间，日俄两国首脑就双方在经济层面上有关库页岛与北海道间的天然气管道建设项目展开积极和深入的探讨，双方最终达成一致。据《俄罗斯日报》报道，日方提出全长1500千米的大型管道规划草案，这一方案以萨哈林3号项目为起点，纵贯库页岛并穿越日俄边境后进入日本北海道，再通过稚内、札幌、占小牧连接日本本州。其中北海道内管道全长370千米，到本州的海底管道部分全长220千米。本州部分管道将通过小川原、仙台和鹿岛再与东京连接，其中本州内管道长859千米。

（三）俄一朝鲜半岛天然气管道互联构想

这一构想旨在成功贯穿朝鲜连接俄罗斯西伯利亚和韩国的天然气管道，从20世纪90年代开始就在政府和民间层面被广泛探讨，但因朝鲜核问题的不断干扰而无果而终。据俄新社报道，2018年6月，俄罗斯已与韩国有关方面就铺设途经朝鲜通往韩国的天然气管道恢复磋商。报道中称，韩朝俄天然气项目构想分为两个方案：一是从俄朝边境出发，经朝鲜元山到韩国铁原、坡州、仁川后到达平泽，全长1202千米；二是考虑到朝鲜对天然气的实际需求，可从俄罗斯先达到元山后，经由平壤、开城再通到韩国，全长1505千米。对于韩国来说，这一构想一方面可以实现环境友好型能源转型这一政策目标，同时也可确保获取廉价、稳定的天然气供给。此外，这一构想若能付诸实践，也将成为连接韩朝两国的能源纽带，为朝鲜半岛的和平、稳定与发展带来积极效果。

四、小结

本部分着重从国家间的天然气贸易来往的角度分析东北亚天然气贸易网络，借助社会网络分析方法，通过计算贸易网络标准化程度中心性、网络密度、标准化出度和标准化入度对东北亚天然气贸易网络进行全面剖析，并且探索其内部关系，得出以下结论。

第一，东北亚各国间的天然气贸易强度在变大，参与国家在逐渐变多，即一方面东北亚国家间的天然气贸易额度逐年增加，另一方面参与区域天然气贸易网络中的国家也在逐渐变多。

第二，在东北亚区域天然气贸易网络演变过程中，各国的角色也在不断发生变化，如俄罗斯从没有参与区域内的天然气贸易变为区域内重要的天然气出口国，中国从天然气的出口国变为进口国，日本和韩国在天然气进口方面对东北亚国家特别是俄罗斯的依赖程度加深。

第三，在国际大变局的背景下，东北亚国家积极利用地理邻近性的优势，通过共建天然气管道等项目合作的多种方式，促进东北亚国家间的天然气贸易特别是天然气的输送。

第四节　东北亚煤炭贸易网络的结构特征与演进趋势

一、资料选取

本书选取2001年、2005年、2009年、2013年、2017年和2021年六年数据进行纵向分析，以此刻画东北亚地区天然气贸易网络格局的时空演化。采用中国、韩国、蒙古国、俄罗斯、日本五个国家相互间天然气进出口额与各国天然气消费量进行计算分析。其中，进出口数据来源于联合国商品贸易数据库，海关编码即HS编码筛选出煤炭，煤炭消费量来源于《BP世界能源统计年鉴》。本书选取了《中华人民共和国海关进出口商品规范申报目录及释义

（2019 年）》中的 HS 编码为 2701 和 2704 的煤炭项目。

二、东北亚煤炭贸易网络构建及特征分析

（一）东北亚煤炭贸易网络的构建

东北亚区域煤炭贸易网络是国家间煤炭贸易关系的集合，每一个国家都是煤炭贸易网络中的节点，国家之间的连线表征国家之间发生煤炭贸易往来。煤炭贸易网络系统可表示为：$N = (C, M)$。$C = \{c_1, c_2, \cdots, c_5\}$ 表示煤炭贸易网络中的点，$M = \{m_{ij}\}$，表示国家 i 与国家 j 之间的煤炭出口和煤炭进口的贸易流。将东北亚区域内的五个国家在图上显示，依据上述原理，构建东北亚煤炭进口贸易和出口贸易的网络结构图（见图 5－8、图 5－9）。

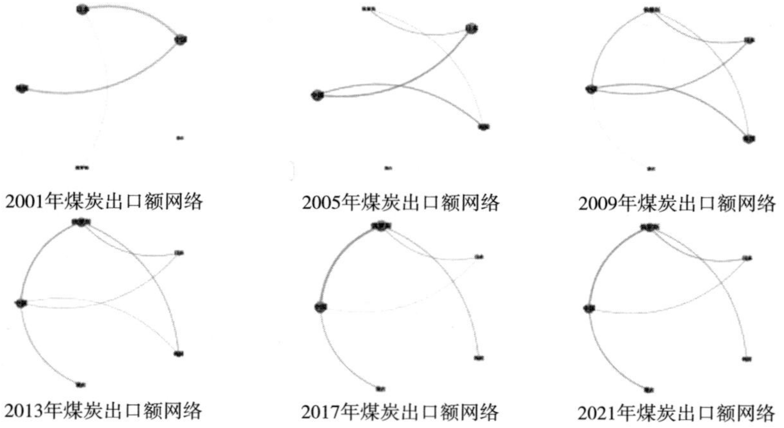

图 5－8　2001—2021 年东北亚国家煤炭出口额网络结构图

东北亚地区各国依靠在地理区位上的邻近性优势和日益紧密的经济联系，以多种方式进行煤炭领域的合作，更加保障了各国的能源安全和共同利益。从东北亚煤炭贸易出口结构网络可看出，在 2001 年到 2021 年期间，越来越多的东北亚国家参与煤炭出口贸易，特别是俄罗斯和蒙古国两个煤炭大国，随着时间的演进，更好地发挥他们在煤炭资源上的优势，同时利用地理邻近性优势，将煤炭出口到东北亚其余各国。从东北亚煤炭进口网络结构图来看，中国、日本和韩国一直是网络的中心、进口煤炭的大国，这是由于中日韩三国经济发展

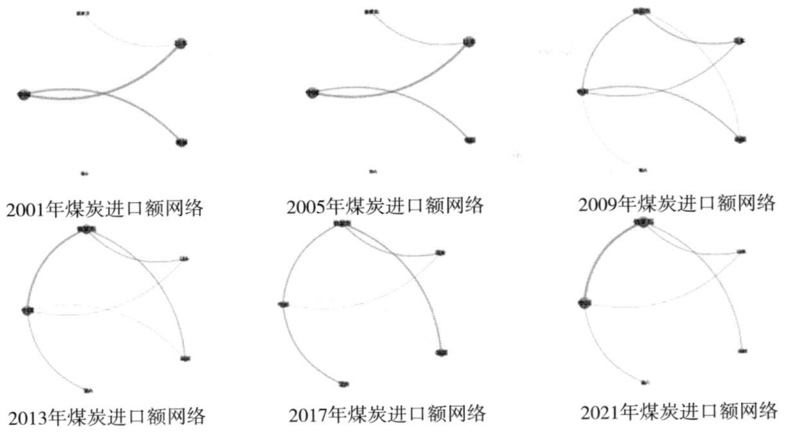

图 5－9　2001—2021 年东北亚国家煤炭进口额网络结构图

速度较快，需要能源资源数量较大，同时日本和韩国国内煤炭资源匮乏，需要从外部进口。与此同时，还可以看出，这三个国家的进口对象国也在逐渐增多，即进口来源更加多样化。

（二）东北亚煤炭贸易网络结构特征分析

1. 群体网络特征分析

从网络密度来看，从 2001 年到 2021 年东北亚煤炭贸易网络密度变化主要划分为两个阶段。其中，2001 年、2005 年和 2009 年的煤炭贸易网络密度分别为 0.48、0.40 和 0.40，说明东北亚煤炭贸易往来并没有涉及域内的所有国家，也就是说有国家并没有和东北亚域内的其他国家在煤炭领域有贸易往来；而 2013 年和 2017 年的网络密度均为 1，也就是说这期间，东北亚所有国家都与域内其他国家在煤炭领域有贸易往来，煤炭领域的贸易网络更“密”了；从 2019 年到 2021 年这种趋势趋于平缓，也就是说东北亚域内国家在煤炭贸易方面继续保持着往来（见表 5－13）。

表 5－13　2001—2021 年东北亚域内国家煤炭贸易网络群体指标分析

网络指标	2001 年	2005 年	2009 年	2013 年	2017 年	2021 年
密度	0.48	0.40	0.40	1.00	1.00	0.90

2. 程度中心性分析

综合表 5 - 14 数据，纵向比较 2001—2021 年的煤炭贸易网络程度中心性可知，20 年间，中国在东北亚域内煤炭贸易程度中心性的地位基本没有变化，程度中心性始终处于较高水平；而蒙古国则一直处于较低水平。这表明中国一直积极参与东北亚其他国家的煤炭贸易活动，而蒙古国在煤炭贸易领域参与度较低。从变化趋势来看，俄罗斯的程度中心性由 2001 年的 0.048 上升至最高年份 2017 年的 0.640，虽然之后有所下降，但仍位居东北亚区域所有国家中的第二位，由此表明，俄罗斯参与东北亚煤炭贸易的活跃度越来越高，也就是说，与东北亚的其他国家有着更多的煤炭贸易往来。日本与韩国两国的程度中心性及变化趋势相似，表明与东北亚其他国家的煤炭贸易合作较为稳定。蒙古国从变化趋势来看，也有着逐渐参与地区煤炭贸易合作的趋势，从 2001 年的程度中心性为 0，也就是没有和东北亚国家进行煤炭领域的交易，到最高年份 2017 年的 0.248，表明蒙古国在这 20 年间积极寻求与周边国家的煤炭合作，为本国丰富的煤炭资源寻找更多的出口对象国。

表 5 - 14　2001—2021 年东北亚域内国家煤炭贸易网络程度中心性

标准化程度中心性	2001 年		2005 年		2009 年	
	值	排名	值	排名	值	排名
中国	0.458	1	0.422	1	0.753	1
俄罗斯	0.048	4	0.102	4	0.482	2
日本	0.293	2	0.324	2	0.361	3
韩国	0.211	3	0.185	3	0.348	4
蒙古国	0.000	5	0.004	5	0.075	5
标准化程度中心性	2013 年		2017 年		2021 年	
	值	排名	值	排名	值	排名
中国	0.466	2	0.631	2	0.372	1
俄罗斯	0.469	1	0.640	1	0.287	2
日本	0.166	3	0.260	4	0.121	3
韩国	0.166	3	0.271	3	0.068	5
蒙古国	0.107	5	0.248	5	0.071	4

标准化出度根据东北亚各国向域内其他国家出口计算得出，标准化入度根

据东北亚各国从域内其他国家进口计算得出。从标准化出度和标准化入度（表5－15）计算结果来看，各国变化都较为显著。中国的标准化出度在逐渐降低，从2001年的0.456逐渐降低至2021年的0.070，这表明中国向东北亚其他各国出口煤炭数量在减少；与之相对应的是中国的标准化入度在逐渐增加，从2001年的0.001逐渐增加到2017年的最大值0.411，虽然在2021年有所回落，但也有0.333，这就表示中国从东北亚其他各国进口煤炭的数量在增加。因此，就东北亚地区的煤炭贸易而言，中国的身份从煤炭出口国转变为煤炭进口国，这背后当然也能够反映出我国经济结构的调整优化以及对不可再生资源的保护。

表5－15　2001—2017年东北亚域内煤炭贸易网络程度中心性出度与入度

国家	标准化出度					
	2001年	2005年	2009年	2013年	2017年	2021年
中国	0.456	0.411	0.441	0.137	0.053	0.070
俄罗斯	0.047	0.100	0.395	0.522	0.404	0.496
日本	0.001	0.002	0.011	0.001	0.000	0.018
韩国	0.000	0.000	0.000	0.001	0.001	0.002
蒙古国	0.000	0.003	0.027	0.124	0.096	0.160
国家	标准化入度					
	2001年	2005年	2009年	2013年	2017年	2021年
中国	0.001	0.009	0.299	0.356	0.411	0.333
俄罗斯	0.000	0.000	0.000	0.000	0.000	0.000
日本	0.302	0.344	0.441	0.193	0.264	0.132
韩国	0.220	0.185	0.357	0.190	0.297	0.097
蒙古国	0.000	0.000	0.000	0.000	0.000	0.000

俄罗斯与中国相反，从标准化出度来看，俄罗斯从2001年到2021年标准化出度不断增加，从2001年的0.047增加至2021年的0.496，而标准化入度不变，这表明俄罗斯在东北亚煤炭贸易中逐渐成为区域煤炭出口大国，有更多的煤炭资源出口到中国、日本和韩国等东北亚国家。日本和韩国的标准化出度一直处于较低水平，这和两国是煤炭资源匮乏国家、需要大量依赖进口的国情相符合；在两国的标准化入度方面，日本的标准化入度要高于韩国，说明日本比韩国更依赖从东北亚国家进口煤炭，但从趋势上来看，两国都呈现出缓慢降

低的变化过程，表明两国在逐渐降低对东北亚其他国家煤炭资源的依赖，向外部区域寻求更多样化的煤炭进口来源，这也是两国保障国内煤炭资源安全的有效策略。蒙古国的标准化出度逐年增加，从 2001 年的 0 提高到 2021 年的 0.160，这表明蒙古国逐渐参与东北亚区域的煤炭贸易网络中，同时向东北亚其他国家的煤炭出口量在逐渐增加，这也是蒙古国利用本国有利资源优势加强对外贸易合作的具体表现。在标准化入度方面，蒙古国一直为 0，表明蒙古国没有从东北亚其他国家进口煤炭产品。

3. 网络中心势分析

在整体网络中心势方面，2001—2021 年东北亚煤炭贸易网络整体网络中心势呈现出先降低后增加再降低的趋势，即在 2001—2005 年降低。2005—2009 年增加，2009—2021 年再降低，说明东北亚国家之间的煤炭贸易网络经历了相对集中—相对分散—相对集中—相对分散的变化。在出口网络中心势方面，呈现出先降低再升高又降低的趋势，说明煤炭出口贸易网络也经历了相对集中—相对分散—相对集中—相对分散的变化。在进口网络中心势方面，数值基本不变，说明东北亚煤炭进口网络呈现出基本稳定的趋势（见表 5 - 16）。

表 5 - 16　　东北亚煤炭贸易网络中心势

网络中心势	2001 年	2005 年	2009 年	2013 年	2017 年	2021 年
整体网络中心势	0.4259	0.3578	0.5820	0.3238	0.3838	0.3055
出口网络中心势	0.4442	0.3853	0.3326	0.4566	0.3661	0.4338
进口网络中心势	0.2471	0.2958	0.2771	0.2607	0.2709	0.2758

三、小结

本部分着重从国家间的煤炭贸易来往的角度分析东北亚煤炭贸易网络，借助社会网络分析方法，通过计算贸易网络标准化程度中心性、网络密度、标准化出度和标准化入度，对东北亚煤炭贸易网络进行全面剖析并且探索其内部关系，得出以下结论。

第一，东北亚国家煤炭贸易往来更加频繁，贸易额度不断增加，这表明地理邻近性在促进国家贸易往来方面起到了积极的作用，同时也说明东北亚各国关系改善，政治领域的互信度提高，促进了经济领域的合作。

第二，东北亚国家更加积极地参与域内煤炭贸易，特别是俄罗斯和蒙古国这两个煤炭储量非常丰富的国家，更多地选择就近将煤炭出口到东北亚的其他国家即中国、日本和韩国。

第三，在东北亚区域内部愈发频繁的煤炭贸易往来中，各国的地位也在发生着变化。中国从煤炭出口国变为煤炭进口国，俄罗斯和蒙古国出口额度加大，进一步奠定了出口国的地位。

第五节　东北亚新能源合作网络现状及展望

一、东北亚新能源合作网络发展现状

（一）构建东北亚新能源互联网总体思路

根据当前东北地区亚能源资源供应不均匀、新能源分享不均匀、大范围优化科学合理分享能量任务迫切的实际情况，努力建设大型全球新能源平台，形成一体化、高水平、紧密互动的清洁电力网络的配置网络。通过全球互联网络技术的有效手段保障能量安全供应，注重各方的联合参与、开发、协同建设，携手打造洁净低碳高效化、多能相得益彰互济、地区协作共享的东北地区亚新能源系统，为区域社会和谐发展安定与市场经济兴旺蓬勃发展提供坚实保证，促进我国未来发展、能量与生态、人与自然环境的协同可持久地健康蓬勃发展。具体思路包括如下几点。

第一，加强新型能源开发研究，用绿色政策确保地方能源安全。以大型产业基地建设为主、分布式发展战略为辅，重点建设俄罗斯远东、蒙古国、我国华北和东北的新能源产业基地，以减少区域的化石资源对外依存度，确保国家能源安全、清洁、高效供应，为新形势下东北亚经济增长提供坚强支撑。

第二，提高电能消费比重，以电为中心实现低碳高效发展。提升电气化程度和资源利用效率，改变重污染大排放的增长方向，形成以电力为主导的资源

生产消费结构，摆脱对单一化石资源的依赖，加快适应气候变迁和维护自然生态环境，为东北亚人民生产生活提供高质量能源电力保障。

第三，推动能源优化配置，以互联电网搭建合作共赢纽带。加快建设和升级各国国内电网，实施跨国联网工程，构建跨国电力市场，破解能源资源和需求分布不平衡以及错位的矛盾，打造新能源大范围优化配置平台，成为东北亚区域合作的重要载体。

（二）东北亚新能源基地布局与联通

按照新能源资源特点、分布范围和发展要求等，在东北亚地区将重点发展2个流域水电基地、19个风能基地和5个太阳能基地，总技术可开发量约9.9亿千瓦。

1. 水电基地

水电资源主要分布在勒拿河和黑龙江—阿穆尔河流域，技术可开发量分别为4000万千瓦和1450万千瓦，目前开发比例约为10%。

2. 风电基地

风能资源主要分布于苏联鄂霍茨克海、萨哈林岛、蒙古国东南部以及我国华北和东北地区，拟发展的大中型风能基地19处，总技术可开发量约4.3亿千瓦（见表5-17）。

表5-17　　东北亚风电基地及技术可开发量

基地选址	所属国家	技术可开发量（万千瓦）
鄂霍茨克海沿岸	俄罗斯	6600
苏维埃港	俄罗斯	3120
亚历山德罗夫斯克	俄罗斯	3000
马卡洛夫	俄罗斯	960
南萨哈林斯克	俄罗斯	1320
乔巴山	蒙古国	2100
额尔德尼查干	蒙古国	2700
赛音山达	蒙古国	1050
乔伊尔	蒙古国	1350
南德格勒尔	蒙古国	990

续表

基地选址	所属国家	技术可开发量（万千瓦）
兴安盟	中国	3600
吉林	中国	3870
赤峰	中国	1800
锡林浩特	中国	2280
张北	中国	1950

3. 太阳能基地

太阳能资源主要分布在蒙古国南部戈壁地区，拟开发大型太阳能基地5个，技术可开发总量约5.1亿千瓦（见表5-18）。

表5-18 东北亚太阳能基地及技术可开发量

基地选址	所属国家	技术可开发量（万千瓦）
比格尔	蒙古国	10000
博格多	蒙古国	12000
布尔干	蒙古国	10000
曼达勒敖包	蒙古国	9200
塔班陶勒盖	蒙古国	9300

二、发展以电网互联为主体的新能源合作网络

东北亚地区的能源供求并不均衡，且清洁能源分布不平衡特点突出。新能源的开发利用需要就地转化为电力。风电、太阳能发电存在着间歇性、波动性等特点，唯有加入大电网中才能达到有效使用，对构建大范围互联互通的电力输送网络提出更加紧迫的要求。新能源资源的东北亚地区，主要集中在俄罗斯远东、蒙古国以及我国华北东北，其主要的负荷中心也大多集中在我国华北地区、日本、朝鲜，所以，资源只能实现跨国跨区大范围的分配，才可以适应资源生产与消费的需要。

促进新能源发展、完善跨境能源协作、确保地区能源安全，是当前东北亚地区能源发展的重大形势、大方向。根据现状，东北亚地区必须以推进清洁发展为目标，以完善和推进能源电网合作关系为发展方向，以电网互联为主导，

建立互联互通的新能源资源优化配置平台，即东北亚地区的新能源网络，才能实现新能源的大面积发展、大范围配置和有效使用，从而实现东北亚地区的能源可持续发展。目前，东北亚各国着力重点发展部分电力互联互通工程（见表5－19）。

表5－19　　东北亚新能源互联互通工程

工程名称	主要内容	总投资额度
云峰500千伏背靠背工程	将中国华北地区电力通过直流背靠背工程输送至朝鲜，解决朝鲜电力短缺问题	3.3亿美元
蒙古国—天津±6600千伏直流输电工程	将蒙古国电力输送至中国华北，将蒙古国资源优势转化为经济优势，促进蒙古国经济发展	17亿美元
辽宁—平壤—首尔±500千伏三端柔性直流工程	满足朝鲜和韩国电力增长需求，缓解局部电力供应紧张趋势	9亿美元
威海—仁川、高城—松江±500千伏直流输电工程	将清洁电力送至日本，满足其电力需求，增加能源输入新途径	威海—仁川：14亿美元 高城—松江：16.3亿美元
萨哈林—北海道±500千伏直流输电工程	开发俄罗斯远东清洁能源项目，把资源优势转化为经济优势；满足日本电力需求，实现电力供应的多元化	6.7亿美元

三、东北亚电网互联构想与展望

现有的设想考虑到的重点辐射区域中，俄罗斯远东、蒙古国戈壁荒漠、东南亚的可再生能源以及中国和澳大利亚的天然气资源都是重要的电力能源供应来源，而美国、日本、韩国则是世界最大的电源消费市场。各个构想国家都致力于利用跨国联网技术来推动资源优化调配，以充分发挥国家资源、消费市场互补优势，进而增强自身的资源保护和安全供应水平能力。但是，因为电网互联牵涉科技、资本、法律法规、地方政府政策乃至国家战略发展等众多因素，所以目前在电力互联设想中，尽管有部分线路已经成功融入了有关的国家政府政策和企业发展计划中，但仍有许多设想中的互联线路还仍然停留在可研阶段中，具体包括如下几个。

（一）亚洲超级电网构想

1998 年，中国的 En + 与韩国能源研究院（KERI）合作首次提出了“亚洲超级电网概念”，这个概念主要是指通过积极发展在蒙古国戈壁的风电和太阳光、在俄罗斯联邦远东区域的水电和火电、中国的风电和太阳光、韩国和日本的电光和风能，以形成连接俄罗斯联邦、中国、蒙古国、韩国和日本的泛亚跨国电网。

（二）东北亚电力互联构想和东北亚和平网络构想

日本能源经济学会亚太资源研究机构和韩国能源科学研究机构，先后于 2000 年和 2004 年共同提出了“东北亚电力互联构想”和“东北亚和平互联网”概念，二者均主张合理利用俄罗斯远东地区丰富的水力资源和季节变化资源，进而利用东北亚地区所产生的资源互补优势，共同建立起连通俄、中、韩（朝）、日的东北亚资源互联电网。

（三）可再生能源亚洲超级电网构想

2014 年，由全球能源宪章秘书处、韩国电力公社、俄罗斯联邦能源系统局、蒙古国能源部、日本国际可再生能源财团等联合倡议并发起“可再生能源亚洲超级电网构想”，这一设想意在使用蒙古国戈壁风区沙漠的风力和太阳光为可再生能源，并通过联系俄罗斯联邦、蒙古国、中国、韩国和日本等，将其所产出的能量送入区域的发电负荷中。另外，韩国能源公社以及俄罗斯科尔科沃技术研究院（Skoltech）以及韩国能源经济研究院，也共同提交了连结韩、日、中、蒙、俄的亚洲超级电网计划。

除了东北亚范围内的电网互连构想，随着经济国际化进程的日益深入，区域合作的动力与脚步也在日益加速，电网互连的概念也开始突破东北亚地区限制，朝着跨地域乃至世界互联网的方向发展。

（四）亚太能源网络构想

2010 年，澳洲的国际能源发展机构 GRENATEC 提出了联系东北亚与澳洲的跨地区能源网络“亚太能源网络构想”。这一设想的提出，发挥澳洲丰富的煤气和核能资源优势，规划到 2050 年建立一条以高压直流输电线和煤气传输管线为核心，由澳洲开始连通东南亚、美国、韩国和日本的亚太电源网。

（五）亚洲—大洋洲电网构想

2011 年，日本创成会提出了连结日本、韩国、东南亚和澳洲的“亚洲—大洋洲电网构想”。这一理念主张通过增加可再生能源普及率，构建起全世界可参与的清洁能源电网发展机制，并借此而深入推动全球电网发展。

（六）全球能源互联网构想

2015 年，中国在联合国人类发展峰会上发出了倡议，主张以更加清洁和环保的技术解决世界能源需求，并探索建立世界的能源网络。一年后，第一家在我国推动建立的全球能源协作组织——世界能源网络建设协调机构（GEIDCO）正式挂牌。GEIDCO 成为世界能源网络的关键平台，着力于推动利用特高压骨干网架、智能设备和洁净能源技术，促进洁净资源在世界范围的生产、传输与利用，促进多国跨域跨洲的资源电网互联互通。

第六章　东北亚能源利益共同体建设

能源利益共同体，即各能源行为体，通过多方位的互动、关联和影响，基于共同利益并以能源安全和经济发展为终极指向建立的利益一致、结构稳定、不断发展的联合体。由此可见，能源利益共同体是地区能源合作的一种高级形态。能源利益共同体的建设，既能维护地区内国家的经济利益，又能保障各方的能源诉求。因此，东北亚地区有必要、有条件、有能力构建一个地区性的能源利益共同体形态。本章将从东北亚能源利益共同体构建的有利条件、制约因素、必要性和发展现状四个方面对东北亚能源利益共同体的建设进行分析。

第一节　东北亚能源利益共同体构建的有利条件

一、东北亚国家相邻，地理优势明显

东北亚国家的地缘优势和互补性为东北亚能源利益共同体建设提供了物质基础。中国、俄罗斯、日本、韩国、朝鲜、蒙古国地理相连，具有能源合作的地理邻近性优势。

中国位于亚欧大陆的东部，太平洋西岸，面积 960 万平方千米，陆地边界 2.28 万千米。中国领海包括渤海（内海）和黄海、东海、南海三大边缘海，中国东部和南部的大陆海岸线长约 1.8 万千米。内海和边缘海的水域面积约 470 万平方千米。有 7600 多个大小岛屿分布于我国领海内，其中最大的是台湾岛，面积 35798 平方千米。中国与东北亚国家俄罗斯、蒙古国、朝鲜均为陆上邻国，与俄罗斯陆地边界线的长度为 4300 千米，与蒙古国陆地边界线的长度为 4677 千米，与朝鲜陆地边界线的长度为 1240 千米。与日本、韩国隔海相望，中国大陆

到日本九州岛的最小距离约 690 千米，与韩国的最小距离只有 172 千米。

俄罗斯位于亚欧大陆的北部，面积 1710 万平方千米，东部濒临太平洋，北部濒临北冰洋，西部濒临波罗的海，陆地海岸线总长度 3.4 万千米。与东北亚的中国、蒙古国、朝鲜均为陆上邻国，与中国、蒙古国的陆地边界长度分别为 4300 千米、3485 千米。与日本、韩国隔海相望，俄罗斯萨哈林岛距日本北海道约 450 千米，北方四岛最南端的国后岛与日本北海道仅隔根室海峡，宽度不足 20 千米。

日本是太平洋西北部的群岛国家，由九州岛、四国岛、本州岛、北海道四大岛屿及周围的小岛组成，面积 37.8 万平方千米。日本隔黄海与中国相望，隔日本海与俄罗斯相望，隔日本海峡（对马海峡）与韩国为邻，对马海峡最窄处仅 46.3 千米。

朝鲜半岛地处东北亚海上交通要冲，朝鲜半岛以及它附近的岛屿扼守朝鲜海峡的北翼，控制着连接俄罗斯远东地区和太平洋的重要航道，朝鲜半岛西海岸与中国的京津地区隔黄海相望，扼渤海出海口。朝鲜半岛不仅有重要的地缘战略地位，也拥有重要的交通地位，是连接东北亚地区的枢纽，也是东北亚地区各大国利益的交汇之处。韩国位于朝鲜半岛的南端，面积 9.92 万平方千米。西隔黄海与中国相望，北隔日本海与俄罗斯相望。朝鲜位于朝鲜半岛的北部，面积 12.3 万平方千米。与中国、俄罗斯为陆上邻国，与中国的陆地边界线长度为 1240 千米。东隔日本海与日本相望。

蒙古国是东北亚地区的内陆国家，面积 156 万平方千米。蒙古国与中国东、北、西三面接壤，边境线长达 4677 千米。蒙古国北面是俄罗斯，与俄罗斯的陆地边界线为 3485 千米。

二、东北亚地区能源领域合作互补性强

东北亚各国在能源生产、能源加工、能源运输、投资资金、使用技术、能源供需等方面的互补性十分明显。首先，从资源禀赋、能源结构看，东北亚区域的能源赋存与消费具有高度的互补性。俄罗斯远东及北极地区拥有丰富的油气资源，叶尼塞河、勒拿河等流域有丰富的水能资源，中国东北和华北北部及西北、蒙古国等地区拥有丰富的风能、太阳能，俄罗斯环北冰洋沿岸拥有丰富

的风能等资源。而日本、韩国、朝鲜能源资源相对贫乏。其次，从能源资源开发、技术层面来看，俄罗斯对外经济合作的核心重点在于天然气的开采和基础设施建设，以及新能源的研发等领域，但在研发资金和技术的生产与进入等领域则需要巨大的资金投入和技术，从俄乌矛盾开始，随着欧美对俄新能源、金融、技术等制裁的开展，俄罗斯在能源开发中面临资金、技术短缺的困境。蒙古国资源丰富，但经济技术落后，开发资金不足。而中国资金充足，国际合作经验丰富，勘探技术成熟，能够满足俄罗斯、蒙古国等能源资源开发的需求。日本、韩国在资金、技术、市场等方面也具有明显的优势，能够满足俄罗斯、蒙古国等能源资源开发的需求。最后，从能源供需关系方面来看，俄罗斯是当今世界上的能源产出大国和出口强国，中国、日本、韩国均是能源进口大国。中国对能源的需求正处于旺盛时期，经济社会发展对能源的需求还将持续增长，需要大量的能源供应。日本、韩国为拓宽能源的供应渠道，实现能源进口的多元化，为了本国的经济发展利益，也会驱使两国与俄罗斯摒弃政治领域的分歧，加强能源领域的合作。

东北亚各地经济的较高相似性，是该区域经济发展的一种优良特点。中日韩三国分别代表了中国市场经济发展的三种状态，其中，我国仍处在社会主义市场经济的迅速成长与工业化时期，社会经济体制与产业结构也亟须根本转变。目前，日本经济正进入后工业化时期。而韩国经济则已进入较发达行列，国家实力正在增强。俄罗斯也有强大的工业体系，蒙古国、朝鲜则相对落后。从产品要素相互补充上来看，我国拥有潜力很大的市场与大量的劳动力资源，但需要巨大的外来资金与科技、原材料和市场；日本、韩国具有丰富的资金和领先的科技，尤其在新能源、新材料等能源环境领域内能够供给领先的技术，为区域环境与能源安全作出贡献，尤其是使以洁净燃料取代化石燃料、新能源取代油气燃料日益推进。东北亚国家各自发挥资源优势和技术优势，积极进行新能源领域的合作，能够满足各自国家经济发展的需要。开展区域合作可以最大限度发展各自优点，扬长避短，有利于各自国家的能源安全，实现共赢。

三、俄罗斯的能源东进战略

进入 21 世纪后，东亚地区经济得到了蓬勃发展，尤其是东北亚地区，其中中国、日本、韩国经济体量大、发展迅速、市场巨大，逐渐引起各国的高度重视。同时，世界能源格局也发生了很大变化，俄罗斯作为传统的能源生产大国和供应大国，在世界能源格局深刻变化的大背景下，如何利用好自己的资源产业优势，巩固其能源大国地位，是俄罗斯的迫切需要。

近年来，虽然俄罗斯西西伯利亚区的老油气田的开采量已日益减少，但在东西伯利亚等远东地区的能源资源却储量充足，开发空间巨大，再加上在经济高速开发的亚太地区，出口到亚太地区便捷、安全。目前，俄罗斯已在东西伯利亚地区的泰美尔、埃文基、伊尔库茨克州等地，发现了上百个油气田。在远东的萨哈林岛和鄂霍茨克海等，已探明了60多个石油天然气矿藏。然而，由于俄罗斯东部区域制造业发展比较落后，工业生产构成以原料供给性加工居多，同时交通等基础建设落伍，导致了俄罗斯东部地区的国民经济增长相对滞后，严重限制了俄罗斯整体国民经济水平的增长。而石油资源又是俄罗斯东部区域的潜在资源优势，因此加大能源开发、增加燃料生产也是俄罗斯东部经济振兴的必然需要，深化对外合作可为其资源开发与经济发展提供强大的动力。2003年，俄罗斯联邦制订了《2020年前俄罗斯联邦能源战略》，这也是俄罗斯联邦的第一个重大发展策略，其中确定了能源策略东移的发展方向，并具体指出了“制订利用东西伯利亚和萨哈共国原油自然资源及组织向亚太区域提供油气的方案、制订对亚马尔半岛矿藏地实行工业开拓的综合计划”等[112][113]。2009年年底，俄罗斯联邦总统普京宣布签署了《东西伯利亚及远东区域天然气资源利用开发纲要》，该纲要将俄罗斯远东区域和贝加尔区域纳入国家长远经济发展策略，基于俄远东和贝加尔区域化石能源资源的储备优势和邻近东北亚的地理位置优势，主动寻求与东北亚各主要能源消费需求大国的合作，提高俄罗斯在亚太地区领域中的信息影响力和经济影响力。2013年，俄罗斯又出台了《2030年前俄罗斯能源计划》，提出在俄罗斯东部地区建立油气综合区，并建设生产和运输系统，开发北极地区和俄罗斯北方地区的石油天然气资源，实现能源运输渠道的多样化，大力发展俄东部地区的可再生能源。俄罗斯再次提出能源出口向东转移的战略规划。2014年2月，俄能源部出台了《2035年前俄罗斯能源规划草案》，显著增加了亚太对俄石油出口比重的预期，该草案预计，到2034年俄全部原油出口总量的23%将出口至亚太，根据对未来全球经济增长与原油增长的预期，亚太将是最具发展前景的原油贸易领域，所以强化同亚太各国的原油贸易对俄来说意义重大。按照草案的规划，俄罗斯计划在到2034年将自己所生产的32%的石油和31%的天然气送到亚太地区。在2020年4月，俄罗斯政府通过了2035年前的石油发展战略法案。

俄罗斯东西伯利亚和远东地区的天然地理环境条件非常艰苦，对原油天然气的开发困难随之增大。在西伯利亚地区大量布设的老油气区设备也越来越陈旧，必须更新换代，在远东地区开发建设中更是需要更加先进、完善的基础设施建设，需要巨大的财力支撑，但是逐渐恶化的财政状况使得俄罗斯自身无法提供充足的资金用来投资建设。此外，欧盟成员国在金融危机后积极探索燃料进口多元化以尽可能减少对俄罗斯燃料的过分依赖，特别是2014年3月克里米亚事件以后，美欧国家对俄实施经济制裁的核心之一就是能源经济制裁，加重了俄罗斯油气开发项目的融资困难。2022年2月24日俄罗斯对乌克兰发动特别军事行动以来，美、欧对俄罗斯在经济、金融、科技等领域实施了更加严厉的制裁，欧盟国家正寻求减少对俄罗斯能源的进口依赖。因此，俄罗斯与中国等东北亚国家的进一步合作的意愿更加强烈。东北亚的中国、日本、韩国不仅能源需求市场巨大，而且拥有资金、技术、设备等优势，加强能源领域的合作，构建能源利益共同体，符合各方共同的地缘利益诉求。俄罗斯能源东向战略与中日韩能源多元化战略，为东北亚国家之间的能源合作提供了坚实的能源资源基础和政策平台。

四、"冰上丝绸之路"建设增加了能源运输的海上通道

"冰上丝绸之路"是指通过北冰洋连接亚洲、欧洲、北美洲的海上通道。"冰上丝绸之路"以北极航道的开发利用为重要基础和依托。北极航道包括通过俄罗斯北部海域从白令海峡经楚可奇海、新西伯利亚海、拉普捷夫海、喀拉海、巴伦支海到冰岛的东北航道，从白令海峡经美国阿拉斯加波弗特海、加拿大北极群岛水域到巴芬岛的西北航道，以及穿越北冰洋中心海域的中央航道。当前主要是联合开发北极东北航道。

"冰上丝绸之路"始于俄罗斯的倡议。2014年以来，中俄两国在北极合作不断深化，中国成为俄罗斯重要的北极经济伙伴。2015年5月，俄罗斯副总理罗戈津在哈尔滨与时任中国国务院副总理汪洋会晤时说，中国可以积极参与

北极航线的港口和基础设施建设，中国和俄罗斯的合作同样能在俄罗斯提出的“欧亚经济联盟”计划和中国倡议的“一带一路”协调发展的框架下进行。2015 年 12 月 7 日，罗戈津在“北极的现今与未来”全球讲坛上发表演讲时再度主动提议中国政府积极参与北方地区海航线基础设施建设的一些项目，并将北部海航线称为“冷丝绸之路”。2016 年 7 月 22 日，俄罗斯外长拉夫罗夫表示，俄罗斯方面计划邀请中方实施包括液化天然气（LNG）产能建设在内的多个北极地区项目。2017 年 3 月，在北方论坛大会上，俄罗斯要求中方投资建设北冰洋航道及其周边设施。2017 年 5 月 14 日，俄罗斯总统普京在中国首届“一带一路”国际合作高峰论坛上指出，“希望中方能利用北冰洋航道，把东北航线同‘一带一路’相连”，从而形成了欧亚地区全新的经济社会合作局面。2017 年 5 月 26 日，时任中国外交部部长王毅在俄莫斯科指出，中国方面热烈欢迎和接受俄方要求，愿同俄方及其他地区各界一起，共同开发北冰洋水道。2017 年 6 月 20 日，国家发展改革委与国家海洋局共同印发了《“一带一路”建设海上合作构想》，象征着“冰上丝路”被真正列入“一带一路”倡议的总体格局。2017 年 7 月 4 日，中国国家主席习近平在莫斯科会晤俄罗斯联邦总统梅德韦杰夫时重申，中俄要推进北冰洋航道协作，共同建设“冰上丝路”，落实好有关互联互通项目。2017 年 7 月，中国和俄罗斯共同发布的《有关继续加深全方位战略合作伙伴的合作申明》，表示彼此将强化在北极航道开发建设、资源探索、合作科考、环境治理、极地旅行等领域的战略合作。在 2017 年年底召开的中国媒体发布会上，普京正式表示将邀请中方加入建立北冰洋海上运输通道，并形成“北方海航道”。2018 年，《中国政府的北方政策措施》白皮书明确提出“中国政府愿借助北方航路的开拓运用，与各界合作建立‘冰上丝路’”。2019 年 6 月，中俄两国元首签署了《中华人民共和国和俄罗斯联邦有关进一步发展新情势下完全战略协作伙伴关系的联合声明》，进一步确定了“加强北方航道开拓运用及其北极区域基础建设、资源利用、旅游活动、生态建设环境保护等应用交流合作关系”。2021 年 6 月，中国国家主席习近平同俄罗斯总统普京进行了视频会谈，各自约定进一步拓展双边的商业市场，扩大在低碳资源、数据经济发展、现代农产品制造等领域交流，积极推动“一带一路”倡议和欧亚经贸共同体的相衔接。并且，发表了《中俄睦邻友好合作关系公约》签订 20 周年共同宣言，明确指出“在互利和尊重沿岸国家利益基石上就使用北部海航线进行协调，促进北极发展”。“冰上丝绸之路”是中国“一带一路”发展倡议构想的组成部分，“冰上丝绸之路”项目将使中国、日本、朝鲜等国丰富的资源输入与出口有效缓解“马六甲困局”。

第二节　东北亚能源利益共同体构建的制约因素

一、国家间缺乏能源合作的政治基础

东北亚地区国家之间政治经济关系错综复杂，历史问题和现实问题的相互交织，成为影响东北亚能源利益共同体构建的重要因素。东北亚地区由于其独特的地理位置和战略价值，地缘关系异常复杂，加上冷战思维、意识形态领域的对抗、历史遗留问题等，使东北亚国家之间政治互信度较低，成为东北亚国家能源合作的制约因素。东北亚各国间尽管存在着密切的经济贸易与合作伙伴关系，但并没有支撑能源合作发展的稳固的政治基石，一旦缺乏了良好的政治基石，区域能源合作将会出现难以持久、反复无常的恶性竞争。所以，国际政治关系对东北亚地区能源合作所产生的影响是重要且直接的。

二、从国家利益考虑，国家战略竞争不利于地区能源合作进展

在能源战略上，东北亚地区各国政府出于各自不同的能源安全策略和本国利益考量，不可避免地形成了战略争夺的关系趋势。与此相对应的是，战略竞争会进一步引发对资源的竞争，妨碍各国之间的资源协调。因此，中国、日本、韩国等资源消费国存在各自的资源选择和能源策略，利益与策略也相同，在寻求能源进口多元化方面难免出现竞争。最经典的例子是俄罗斯东西伯利亚—太平洋输油管道（ESPO）计划几度变化。我国与日本一样是资源的进口国家，在燃料方面也是采用了多元化的化石燃料进口，降低对中东地区的石油依赖。而毗邻的俄罗斯化石燃料资源相对充足，是中日双方最理想的燃料来源

地，都在谋求把俄罗斯视为主要的能源供应国。但是随着中日双方的战略利益疑虑，在对待与俄罗斯的能源合作中，已经演变成了一个零和博弈，中日两国都不愿对方在与俄罗斯的能源合作中占据优势，在此种逻辑下，中日之间不可避免地出现了恶性竞争。当然，俄罗斯东西伯利亚—太平洋输油管道几经变化，另外一个重要原因是俄罗斯出于本国利益的考虑，为避免对中国市场的过度依赖而采取防范措施。由此可见，能源输出国、过境国、进口国三方之间因各自的目标利益不同，对能源合作、能源基础设施建设会有不同的态度，如果无法取得任何利益关联方的承诺与帮助，则能源生产、运输、交换等各环节所需要的基础设施工程都将无法完成，或者搁浅。

三、缺乏区域能源合作的机制

东北亚地区各国能源双边合作体系的建设良好，但还缺乏一个涵盖东北亚地区全部成员国的系统的能源贸易机构和有效组织。东北亚地区能源体系发展还处在一个比较落后的态势，主要体现在双边能源贸易比较活跃，多边能源体系发展相对滞后，且政策谈判框架问题较多，但是实际进展并不理想。东北亚地区的能源体系建立还处在萌芽时期，有关能源合作的协议也大都是在国际经济技术合作的框架内完成，而单纯的能源合作也大多只有论坛性，并不能建立真正的体制性。如东北亚地区资源研讨会（NEAEF）主要阐述东北亚地区资源经济的共同基础与相互利益，即能源供应安全以维护地区平衡。此外还有，由东北亚地区政府之间的资源协调机构（Intergovernmental Collaborative Mechanism on Energy Cooperation in North－East Asia）、五国能源部长会议以及联合国开发计划署（UNDP）所倡导的图们河倡议等。必须重视的是，东北亚地区繁复的全球资源协调倡议，离散而不关联，不能团结到一个共同协调的体系中，使协调双边、多边及全球机制十分艰难。东北亚地区大国之间不平衡的政治经济联系及其基于现实主义考虑所制定的适合自己的国家战略和发展诉求，导致东北亚地区没有形成全球共同发展的能源协调机构的国家意识，没有形成限定于东北亚地区内的资源协调制度等。这都影响着东北亚地区的能源合作。

四、俄罗斯的能源政策限制地区合作

俄罗斯联邦的能源政府的主要目标包括：提高国家对国有石油与天然气部门的管制，对外资企业与俄罗斯能源部门进行直接控制，所有的企业与能源部门相关的对外商务都在该国的控制范围，通过法律禁止外国企业投资对俄的核燃料循环、在矿产领域开采等。在当前对全球能源的需求量扩大和供给受限的背景下，能源不仅成为一个巨大的战略物资，而且变成了一个有力的地缘政治工具。在俄罗斯能源发展战略中提出，俄罗斯的能源综合体将是俄罗斯“实施国内国际政策的一个有力工具”，因此俄罗斯的能源计划，必须以一个长远的目标，并保证其在一个日益相互依赖的全球系统中的自主与战略地位来认识。俄罗斯能源战略蕴涵于一种更为广泛的战略文化里面，这个文化始终维持了其战略防守力和领土稳定性。“俄罗斯一直把能源政策视为一种保障其免遭外国入侵的控制手段”，所以，俄罗斯的能源战略一定程度上影响着其他国家的能源合作。

五、美国因素不可低估

美国是对东北亚地区最具影响力的域外大国，对东北亚地区的能源合作也具有巨大的深远影响。同时，美国对全球原油价格体系和金融市场的控制能力也是其他所有大国都无法相比的，其他大国可以在美元占主导地位的全球石油价格体制下自由进行交易，而作为全球能源结算的主体货币美元也具有影响力，这都是直接影响区域能源合作发展的宏观原因。此外，中美之间的关系走向对于目前东北亚地区秩序稳定和区域能源合作的发展走向，产生举足轻重的影响。从国际能源与战略关系视角分析，美日、美韩各方目前仍然维持着战略盟友关系，因此美方也当然重视包括日本和韩国在内的东北亚地区能源合作。此外日本、韩国虽然想从中国发展中谋取利益，实现自身经济发展，但在很多情况下，两国都会呼应美国的战略。另外，在全球气候变化、节能减排和清洁能源事业的发展等方面，中国的积极态度与反应也对东北亚地区清洁能源的建设和合作，有着不容轻视的意义。

第三节　东北亚能源利益共同体构建的必要性

东北亚是世界上最大的能源消费区域，也是经济发展最活跃的区域，未来对能源的需求量会快速增长。东北亚地区的国家除俄罗斯以外，能源资源相对匮乏，中国、日本、韩国能源资源更是严重依赖进口。俄罗斯能源资源虽然丰富，但是东西伯利亚地区、远东地区、北极地区自然条件严酷，生态环境脆弱，基础设施落后，加上资金、技术不足等，开发滞后。东北亚地区的能源需求增加的速度大大快于区域的能源供应的增长速度，必然会导致地区资源对外依赖性的增强。中东复杂多变的地缘政治环境所带来的地区能源来源地安全性问题，中东大国对东南亚各国原油出口所长期采取的“亚洲溢价”政策带来的地区能源的可承受性问题，以及东北亚地区各国因巨大的能源消耗与相对低下的能源利用效率而造成的生态环境问题，都是东北亚地区大国所面对的巨大的国际能源安全问题。所以，大国间必须协调一致地处理地区能源短缺和国家能源安全问题，以减少对中东的原油依赖性，并增加地区能源多样化来源。东北亚地区各国在能源合作方层面具有地缘结构优越性，在能源要素数量和结构上彼此补充性较强，通过建立东北亚地区的能源利益共同体，可以使整个东北亚地区内能源的供需平衡保持在一个较高的层面，对于东北亚地区各国应对共同的能源安全危险、实现能源要素的优势互补，以及社会经济效益的整体提升等都具有着重大的积极意义。

一、有利于共同应对能源领域的安全威胁

东北亚区域的中国、日本、韩国都是重要的资源消费需求国家，都存在着巨大的能源安全风险，而这种风险能够借助区域的能源贸易来解决。在东北亚区域，由于俄罗斯东西伯利亚和远东区域化石燃料各种资源较为富集，而这种富集的各种资源又位于边远地区，且基础设施落后，研发条件也不好，需要巨大的资金投入、新技术使其被研发并投入国际市场。中日韩三国有决心、有信心在该领域开展交流。俄罗斯远东和东西伯利亚地区的油气能源进入中日韩等

国家市场，能源可得性强、能源来源地可依赖性强，有利于中日韩能源来源的多元化，有助于缓解中日韩等国家的能源紧缺问题，保障能源安全[114]。

全球能源价格的波动性也存在着较大的不确定性，同时还面临“亚洲溢价”的问题，即中东的一些主要能源进出口国在出口原油时，世界各个地方对同样的原油却采取了不同的价格计算方法，使得东亚国家从中东进口的石油价格往往要比欧美从中东进口的石油价格更高。同时，也因为东北亚各国对天然气进口价格的制定目前都要参考国际石油价格，从而使得东北亚进口天然气的成本也较其他地方高了不少。对东北亚国家来说，能源价格的波动都会对本国经济造成很大的影响，加强东北亚国家的能源合作，构建东北亚能源利益共同体，能够共同应对外界能源供应变化及能源价格剧烈波动所带来的能源风险。

二、有利于建设能源输运网络，提升能源贸易的安全性

能源输送直接关系到能源的可依赖性，东北亚地区国家地理上相邻，便于建设油气管道、输电电网以及海上运输系统等在内的复合型能源输运网络。利用石油管线、电网与海洋石油运输系统的联系，地区各国间可共用石油资源，有效降低成本，提升能源贸易的安全性。能源的互联互通，使得可以采取诸如转移设备、减少产能、更合理的资源调配和更高效的网络运营方式，从而有效降低成本，增加效益。由于石油的管道输送方式和海洋交通的稳定性较好，石油通道的网络也是比较稳定的，更有利于保障生产和安全，因此石油海运的稳定性比较良好。在东北亚地区各国之间可以通过加大石油交通建设，利用海洋资源，建立石油输送通道，利用陆上运输方式从俄罗斯输入石油资源，以提高资源输入的稳定性、连续性，保证资源贸易的安全。日韩的资源进口很大部分都经过了海洋输送，因此应该加大在海洋交通方面的合作，以保证资源在海运进程中的安全性。中日韩三国都从中东进口了大批原油，亚丁湾、马六甲海峡都是必经之路，而马六甲海峡又是全球海盗活跃程度最高的水域之一，也是恐怖袭击最多的地方，这些因素都影响了石油海上运输的安全，可采取或实施联合护航措施，以降低在马六甲和亚丁湾等重要水域的海盗活动和恐怖分子行动对石油海运安全的袭扰程度，采取这些措施，就能够有效降低世界各国间的石

油货物运输费用，从而提高世界能源供给的安全。另外，在“冰上丝绸之路”建设方面，也应加强合作，以增加中日韩从俄罗斯进口能源的海上运输通道。总之，东北亚能源利益共同体的建设，能源运输网络的输运能力的增加，都有利于增进能源贸易的安全性。

三、有利于增进能源的可用性和可得性

各国间的资源协商有助于提高资源的可用性和可得性。不同成员国在经贸开发、外贸、能源开发、环保、投资等方面存在各种不同的政策和法律，许多能源合作项目会受到多种影响和不同的限制。有关各国间应当形成共同框架，把共同关心的问题纳入并采取具体的行动，使能源投入、能源交易、风险规避等在各国层面以法律法规的形式或在共同框架下构建起合理的协作机制，收益共担，风险共抗，从而建立利益共同体，这样的能源协作将促进能源开发的可持续性，提高能源的有效性与可得性。

四、有利于能源要素互补

东北亚各国在自然资源禀赋方面均具有优势，拥有巨大的优势互补、巨大利益，自然资源协作的价值大大超过国际竞争。中国的煤炭资源、核能、风电、生物质能资源丰富，在人口、地理环境、油田勘查发展、贸易合作和融资等领域有着自身的优势。中国同时也是全球能源生产强国，而且仍是日本、韩国最主要的煤炭资源供应地，对当今全球先进的新能源和清洁燃油等环保商品市场需求巨大（杨泽伟，2008）。而俄罗斯则在西伯利亚和远东区域掌握着大量的煤炭和油气等自然资源产品，但开发东部地区的资金、技术不足。日本具有雄厚的资本、先进的科技和管理水平。日本是当今世界上最主要的石油领域技术和设备的出口国，在全球多个地区的石油企业进行工程、金融资本、专案管理、技术推广等业务，并拥有全球领先的清洁使用煤炭技术。此外，日本早已形成了原油和天然气储存制度，同时也在储存煤炭、资源外交等领域累积了大量的成功经验。韩国在原油储存领域的经验则相当丰富，原油精炼水平也相

当高，在节约能源、市场管理等领域都有许多可资借鉴之地。

东北亚各自在资源生产、使用、运输等应用领域的资源优势互补非常突出，形成能源发展共同体，能够最大限度地运用各自资源优点，扬长避短，实现合作。例如，在中国的一次能源消费中，燃煤仍占有着很大分量，而且热效率还很低下，若引进并借鉴日本的燃煤制油、煤热燃烧与发电技术、煤矿焚烧污染控制、煤矿能量垃圾处置方法等，就能够更科学合理地进一步发展和更清洁地使用煤炭资源，这样既可以缓和东亚各国能源供应的紧缺形势，也可以促进东北亚地区共同家园清洁目标的实现，保护好共同的生态环境。

五、有利于区域经济一体化进程

东北亚地区是中国自然资源和网络安全联系最为密切的领域之一，从保证东北亚地区网络安全稳定性方面考虑，建立能源利益共同体，对促进国家信赖、缓和孤立、防止权益争斗等方面有着非常重大的作用[115]。在维持国际能源市场稳定及可持续的市场竞争等共同利益的基础上，建立和加强互信是能源合作的基础。通过建设互信、减少战乱，可为区域性经合打下更坚实的政策基础，推动区域经济一体化发展。而东北亚各国政府之间的地缘资源优势，以及双方在自然资源产品开发、生产、海运等领域的资源优势相辅相成，为能源经济利益共同体建设创造了物质基础。建立资源企业共同体，建立遍布东北亚地区的资源制造、生产、储存服务网络，对于减少资源贸易风险和物流损失、减少恶性竞争、减少“亚洲溢价”等均有着重大作用。

能源是现代经济社会发展的命脉，国际能源协作是地区间经济协作的重要一环。在国际能源合作中双方能够利益共享，通过共同项目能够在投资企业内部相互分担成本，可以更好地提高效率。环境保护方面的科技进步，可以缓和区域能源安全紧张状况，缓解区域环境保护与减排的负担，提高经济合作的水平和层次。东北亚地区各国政府还可共同协作，构建多边能源安全体制，在海上能源开发，以及清洁能源项目建设等领域加强协作[116]。能源合作在能源市场平稳、基础设施建设、合作机制建设、节能减排及清洁能源开发与技术转移等具体领域开展，成为加快区域一体化进程的新起点。

第四节　东北亚能源利益共同体的构建

东北亚地区的中国、日本、韩国都是世界石油消费中心，而俄罗斯则是能源供应中心。美国、俄罗斯有漫长的陆上边界，能源贸易可以直接通过管道的方式运输。日本、韩国要依靠来自俄罗斯的能源，须过境他国或经海洋运输，运输距离较大，成本也较高。日韩为了确保能源来源多样化，以及维护国家能源供应安全，出台了许多政策措施，如拓宽能源进口来源途径、进行能源节省与提高生产效率、开发和使用新能源及清洁能源技术等。韩国与蒙古国虽是两个小国，但地缘地位也很重要。韩国连接欧亚大陆的朝鲜半岛，尽管自身能源优势不足，但由于它连接了俄韩日三国主要的能源出口与消费地，从而扼守了能源管道的重要的地理区域，并成为主要的能源管道的过境国，在区域能源地缘贸易上也占有关键的战略地位。而蒙古国则有中俄两个周边国家，从能源方面考虑，蒙古国本身也拥有相当充足的煤炭资源、风电和核能等优势，因其有利的地理位置，能够成为对我国输出原油的主要输出地，这对于维护双方的能源安全与贸易平衡，也具有很大的积极意义。此外，蒙古国等国有可能成为未来俄罗斯对我国输出石油管线的主要中转国，因为这种能源管线将深入整个欧亚大陆的腹地，且安全、可靠性良好，各方的资源权益也将获得充分保护。近年来，随着全球资源局势出现了重大转变，东北亚地区的能源供给来源也更加多样化，而这些变化将为东北亚资源贸易发展提供新的契机。

一、以经促政，增加东北亚国家间能源贸易与投资合作

东北亚地区经济的互补性最强，是世界上整体经济中最富活力的地方，也是世界上总体经济体量最大的地方之一。但是由于东北亚地区各国社会政治体制的差异，经济与社会发展水平并不均衡，同时还面临着大量的历史遗留问题等，社会政治信任度不足，这都是东北亚地区能源合作的重要制约因素。而东北亚地区资源联合之所以还没有很好地建立起来，而是形成集体优势，彰显它

在世界政治经济中的地位和作用，其中一个很重要的原因就是没有建立起基本的政治互信。政治互信与否，直接影响到国家之间的相互依存状况，例如，据熊琛然等[117]研究，中俄相互依存指数不断升高，1995 年为 0.155，2016 年升高到 1.011。这说明中俄两国相互依存关系不断加强，这为中俄能源地缘经济合作奠定了坚实的基础。与此同时，日俄相互依存指数不断下降，1995 年日俄相互依存指数为 0.813，到 2002 年小幅上升到 0.993，2016 年下降到 0.644。在这个情况下，出于自身经济的共同利益，以及东北亚各方均有通过经贸合作以促进双方政治关系发展的共同愿望，以经促政的愿望和共识强烈。东北亚各地都应当淡化地缘政治原因对发电联合关系的直接影响，积极参与应对电能供给、电能消费需求、发电航运等各方面的危险与隐患，形成互信、共赢的战略协作管理机制，在现有双边经合的基础上，积极促进东北亚区域各国之间的多方联合。

以经促政，东北亚各地区之间的资源交换与海外资金交换，对于加强中日韩等主要资源产品直接进口国家的主要能源保障，有着重大作用。当前，中日韩油气输入仍严重依靠东欧区域，对中国的油气直接进口量占中日韩三国油气总直接进口量的比例仍然很高。在原油进口商品方面，2012 年中国从俄罗斯进口商品的原油 7964.24 万吨，只占中国原油进口总量的 15.5%，而从中东的沙特阿拉伯、伊拉克、阿曼、阿联酋、科威特进口原油 24856.68 万吨，占中国原油进口总量的 48.5%。中国作为世界第一大天然气进口国，2021 年从俄罗斯天然气的进口量只占天然气进口总量的 7% 左右。2021 年，日本从俄罗斯进口原油量占其原油进口总量的 3.6%，而进口的天然气量约 8.8%，但从中东的进口石油量却超过了日本石油进口总额的约 90%。2020 年，韩国从俄罗斯进口石油量达到韩国原油进口总额的 5.6%，从俄罗斯进口天然气的总量约为韩国天然气进口总额的 6%。所以，中日韩加强同俄罗斯的石油交易有助于促进中日韩石油输入渠道的多样化，减少对中东地区资源的过分依赖，减少海上运输的损失、资源输送的时间、资源输入的成本，有效地维护中日韩能源供应稳定与贸易安全。

以经促政，东北亚各国之间积极扩大能源交易与投资合作，对维护俄罗斯能源出口的安全也不可或缺。俄罗斯能源出口主要面向欧洲国家，俄罗斯对东北亚的中日韩三个能源进口大国的能源出口量占其能源总出口量的比例不高。

以2016年为例，俄罗斯出口到东北亚地区国家的石油总量仅占其石油出口总额的20%左右，但出口到欧盟国家的石油总量却占其石油出口总额的60%多。2016年，中国出口到东北亚地区的原油产品仅为其原油产品出口总额的3%左右，而出口到欧盟成员国的原油产量则约为其原油产品出口总额的60%。2016年，俄罗斯利用管道输出给东亚各国的天然气，占其管道天然气总出口量的87%左右，但直到2018年俄罗斯才启动直接向东北亚地区输出管道天然气。直至2019年12月2日中国—俄罗斯天然气管道东线开通，俄罗斯才开始利用管道直接向东北亚地区输出天然气。尽管俄罗斯的液化天然气（LNG）产品主要出口到了东北亚地区，但其液化天然气的出口数仅占其天然气工业总出口额的6.8%。俄罗斯这种不均衡的能源出口比重分配，对其能源出口安全是非常不利的，俄乌冲突使这一问题更加突显出来。俄罗斯扩大同东北亚各国的能源交易，可促进其能源输出目的地的多样化，减少对欧盟国家资源的过分依赖，增强其在资源方面的话语权。

东北亚各国之间扩大能源交易和融资协作，将有助于加快东北亚能源联合的进度。由于能源交易对整个区域合作有着巨大整合潜力，因此东北亚各国逐步扩大能源交易和融资协作，将有助于直接推进东北亚能源合作的程度，以及促进其他类型的联合，从而推进东北亚地区能源市场统一的进程。实际上，由于东北亚各方间以往大规模的能源交易和资金协作，对于东北亚各方间增强经济社会交往与政界信任也起到了重要作用，所以，逐步扩大东北亚各方间的能源交易和资金协作，必将有助于促进东北亚整体能源合作的进程。

二、努力建立长效的多边能源合作机制

东北亚各国能源要素的互补性加强了，这也是东北亚各国开展能源协作的有利条件和根本基础。所以，东北亚各国间应当强化国际能源合作对话，以化解矛盾、减小分歧，减少双方在能源领域和其他领域的不合理争夺，以建立进一步完善国际能源合作的广泛共识，并建立更有效的多边能源协作机制。机制在国际协作中的巨大功效与意义，是无法取代的。在经济全球化的语境下，各国政府的任意一个措施都会有产生各种各样“负外部性”的可能性，从而影响其他发达国家完成他们自己的任务，这样就可以将利益冲突转变为冲突、矛

盾和纷争。多边合作制度能够给各种利益关联方创造有效的讨价还价的平台，还可以在成本与利润的分担方面发挥较好的功能。只有建立畅通、高效的东北亚多边能源合作机制，才能够进一步深化东北亚国家的能源合作。要综合考虑到东北地区亚各地情况不同、文化不同、种族不同、自然构成不同，为促进双方彼此谅解，在深入分析各方自然战略、规定、技术、经费保护、国家措施监管等方面情况的基础上，求同存异，深入探讨建立东北亚地区自然合作的具体化实施规定，以形成有效的多边自然合作管理机制。

构建有效的多边能源合作协调体系，首先要构建政府部门间、国际组织间的协调架构，并建立协调机制，比如在欧洲内设立的欧洲能源宪章组织，以《能源宪章公约》为基础，引导、规范国家处理各类电力难题。东北亚各方可参考世界其他地区能源合作的经验，订立具体的电力合作协议，并建立代表东北亚各方的电力联合的领导机构，确定联合的目标、组织架构、国家的权利和义务，以及设置组织、政策、工作机制等。构建国际能源协商制度，能够更合理地磋商、处理、化解东北亚各国之间的能源争端和有关议题，并促进东北亚各国在能源领域的多边合作；同时，积极建设东北亚地区资源交易市场，以确保东北亚地区的能源安全。中国、日本、韩国和俄罗斯将在目前基础上，通过深入合作，在中国远东开发、建立多个能源供求平台，进一步完善石油管线、输电网、铁路线和口岸等基础设施建设，进一步加强与东北亚地区各国政府在常规能源领域、水电领域、新能源等方面的双边合作，用双边合作引导和推进多边合作。建设东北亚地区再生能源交易市场，既促进中日韩三者获得连续顺畅的能源供给，又给俄提供稳固的能源出口交易市场，能够更有效地规避俄方过分依靠欧洲再造能源市场发展的问题，从而确保俄天然气产出的稳定性。促进资源保障，作为在“一带一路”倡议中提及的主要内容，建立东北亚资源交易市场，是东北亚各国促进能源领域多方交流的关键措施。中国、日本、韩国和俄罗斯携手共进，积极促进资源交易的便利化，有助于减少交易成本，有利于建立东北亚安全的资源交易市场，对稳定能源价格、保障国民经济安全、提升东北亚地区的能源安全具有重要的意义。此外，参考国外地区贸易组织的经验，可以探索建设东北亚自由贸易区。当前，与东北亚相关的地区性经济合作组织主要有亚太经合组织、中日韩国际自由贸易区等，可以在此基础上成立东北亚自由贸易区，减少贸易摩擦、贸易壁垒，增强互信，对于提升东北亚区域贸易水平、扩大贸易规模、推进东北亚一体化进程具有重要影响。

三、加强东北亚各国民间交流、企业交流，营造能源利益共同体建设的良好氛围

（一）各国加强民间交流，努力营造良好的舆论氛围

东北亚各方政府都要在做好高层对话工作的同时，积极引导人民参加各国间的各种人文活动，并通过广泛的民间活动，增进人民彼此的相互了解。各国要做好公共外交工作，及时感知对国家间的合作出现的不同声音，及时作出澄清、处理和反馈。各国政府要正视历史遗留问题，强化对舆论的引导管控，坚持正面引导，加强有利于合作的舆论宣传。良好的舆论氛围是各国之间开展能源合作的重要民意基础，能够使政府和民众齐心协力。在民众和政府的共同努力下，营造出构建能源利益共同体的良好舆论氛围。

（二）各国企业要树立绿色、环保、共赢的理念

构建东北亚能源利益共同体的目的是更好地保障各国的能源安全，服务于各国的经济发展。各国要加强对企业的宏观战略指导，共同致力于打造合作共赢的局面。企业要树立绿色环保可持续的企业经营理念。各国的能源公司之间一定要做好合作沟通，处理好在协作过程中所遇到的各类困难与问题，在保障企业权益的同时也要兼顾合作方的权益，以减少各种争端、缓解分歧和冲突，并增强企业合作共赢的意识，力求形成能源效益共同体。尤其要防止企业协作共赢只是挂在口头上、签在文件里，一定要落实到企业具体的实际行动中去。例如中国、日本、韩国企业参与俄罗斯远东地区能源的勘探开发时，要在开发管理理念上相互交流，树立绿色环保的经营理念，并与俄罗斯环保组织加强交流与合作。要充分考虑俄罗斯远东大开发社会经济发展的需求、企业生态环保的要求，还要考虑到地方人民的感情与切身利益[118]。俄罗斯政府和公司，也要充分考虑各外国公司的利益要求、投资安全和法制保护。同时合作各方都要以更加积极主动的态度，去消除能源合作过程中可能存在的任何阻碍。

四、加强清洁能源技术领域的合作

促进清洁能源的发展需要各国之间的大力协作。清洁能源的全球合作主要集中于技术合作、技术转让及资金支持等方面。清洁资源方面的国际合作的资金保障是建立在承认发达国家与发展中国家之间不同的国际法框架基础上的，所以，国际合作的前提就是必须有规范合理的国际法框架、明确的合作方法、安全的合作条件。东北亚地区的中国、日本、韩国、俄罗斯等都加入了《联合国气候变化框架公约》（UNFCCC）。1997 年，《联合国国际气候架构公约》各个缔结国之间签署了《京都协定书》，其中的洁净经济发展激励机制（CDM）即为鼓励发达国家与发展中国家之间发展洁净能源合作的具体实施管理制度。该管理制度明文规定，由发达国家向发展中国家提供资金与技术支持，以提高发展中国家的能量效率以及进一步发展洁净再生能源，从而量化、充抵发达国家应该承担的减排义务量。2016 年 11 月 4 日正式生效的《巴黎协议》，则标志着由过去严格划分为“发达国家”与“发展中国家”的减排标准，过渡到相对灵活的“自主贡献”的减排规则。《巴黎协议》仍然建立在《联合国国际气候变化框架公约》所规定的“一致但有差别责任原则”的基础上，发达国家和发展中国家之间的协作依旧体现在资金投入和科技帮助方面，在解决国际气候的问题上，国家肩负着向各国提供资本帮助和科技转移的义务，以偿还各国在解决“人们一致关心事务”上所增支的融资成本。位于东北亚的中国、日本、韩国等国家对《巴黎协定》都有积极的看法，但俄罗斯目前是在观望的状态。不过，由于这四个大国都是《联合国气候变化框架公约》的缔约国，都有履行框架公约的国际法义务[119]。所以，《联合国气候变化框架公约》框架内的协定，是东北亚各国在进行环境资源领域合作时应坚持的基本国际法原则。

清洁能源领域的国际科技合作并不直接危害我国安全，受各国国家安全考虑等因素的影响较小，并存在着较为稳定的国际合作空间。在清洁能源市场方面，东北亚中日韩三国都是清洁能源巨大的需求市场，俄罗斯已探明天然气的储量居世界第二位，中国、俄罗斯、蒙古国均有丰富的太阳能、风能，这也就意味着在市场供需方面，东北亚国家之间存在着巨大的合作空间。东北亚地区各国在能源技术的掌握上具有互补性，总地来说，日本、中国、俄罗斯等在核能、液化天然气、生物能、风能、太阳能等清洁能源领域拥有先进的技术和实践。如日本利用“太阳行动计划”“新阳光计划”等，促进了对风电、太阳能、海洋生物能以及地热等各种可再生能源技术的利用，并要加强利用氢能。近年来，我国可再造发电业务实现了高速增长，电光、风能、水力发电装机均稳居世界第一位，已成长为世界使用可再造发电第一位的国家，不但为我国的节约减碳、经济社会增长发挥了重要作用，而且也对世界能源革命产生了重要影响。韩国在清洁能源技术和研发能力上也具有一定的优势。通过利用洁净燃料，强化洁净能源技术领域的协作，能够减少对电力、天然气和化石资源的需求，减少东北亚地区资源进口国间的争夺，同时还可以减轻自然资源环境保护领域的负担，成为东北亚地区各国之间强化资源协作的重要途径。

加强在清洁方面的国际协作，是当前处理东北亚领域重大环境难题的最高效方法，因此各地政府部门应通过完善有关国内外法律和行业规范，逐渐明确地域开发利用、合理自然运用的基本要求，并通过对清洁科技的引进与消化吸收，以提升环境资源效能，降低总量等。比如，为支持核能、风电等可再生洁净能源开发与应用，建设了碳税收政策、低碳化环境生产制度以及碳足迹数据公布等方面的系统。因此，东北亚区域各方政府部门必须进一步完善境内外能源立法权，并把能源节约和保护作为支持新能源发展的国家目标；以提升能源效率、发展环境清洁、积极参与全球清洁能源技术协作为途径，就清洁能源的市场准入条件、发展清洁能源的财务保障措施和有关清洁能源的税费优惠政策等，制定具体的立法规范。

世界气候变化的威胁正日益加剧，通过开展在洁净能源与清洁资源技术等方面的国际合作，使节能与环保成为未来能源领域的关键方面。科技进展将对于缓解并更有效地应对气候变化有着决定性意义。通过洁净燃料和可再生洁净燃料的研究和发展项目，洁净能源技术的科学研究与生产项目建设等方面的经验交流和协作，对地区能源共同体的建设有较强的促进作用。而通过双方共同受益的在洁净能源技术研究与产品方面的贸易，地方成员国之间往往能够跨越国界，促进经济、文化上的交流与结合，从而摒弃政策上的互疑、政策上的敌意，从能源方面的贸易合作入手，向地区整体方向发展。

五、加强东北亚“能源金融市场”建设，提升东北亚地区国家的能源定价权

东北亚各国，不管是能源进口国或是能量产出国，均有提高能量定价权、稳定能源价格的需求。对于东北亚能源进口国来说，提升能源定价权主要是为了以更加合适的价格进口石油等化石能源，缓解“亚洲溢价”的问题，稳定能源价格。对东北亚地区的俄罗斯的经济发展来说，以能源工业为其支柱，其经济成长、财政收支等均很易受全球原油价格的影响，由于俄方能源出口大部分面对欧盟成员国，且出口对象也较为单纯，使得其主要能源的定价与政治话语权均弱于欧洲进口国，且俄国 Urals 原油价格也长期低于欧洲 Brent 原油价格，因此油价过低不仅直接降低了其国家财政收入，也导致了其经济成长乏力，而且还会危及其国家政治安全与稳定。从全球经验分析，能源出口方也不能单纯依赖油价的走高，由于油价过高还会使得能源进口国加大对替代燃料市场的投入力度，从而抢占传统燃料的市场占有率，不利于产油国长期的经营利润，所以，通过增加再生能源定价权从而合理地提升能源出口价值、稳定世界能源价格，是俄罗斯积极参与东北亚再生能源协作的首要目标所在。

“能源金融市场”是针对某一特定能源（如石油、天然气等）的衍生金融产品交易，能源期货在能源定价中居于主导地位，因此，加强“能源金融市场”的建设合作，是提升东北亚国家能源定价话语权的有效途径。目前，中国、日本、俄罗斯都已经建立起了能源金融市场，都推出了原油期货，并都有意推出天然气期货。但是，东北亚各国在能源金融市场建设上各自为政，这不利于提升能源市场定价权。例如，日本能源金融市场虽然比较发达，不过推行的中东原油期货影响力并不大，也没有对提高国际原油定价权产生多大影响。俄罗斯推出的原油期货交易量也不高，对提升能源市场定价权几乎没有影响。所以，东北亚各方都需要在建立能源领域资金交易网络平台、联合建立东北亚能源期货等方面加强协调。加强东北亚的资源金融市场建设，可以促进中国、日本、韩国资源采购方式的多元化，以确保能源供应的稳定。期货持仓形式的石油储备目前在中国、日本、韩国石油储备中占比还很少，加强东北亚能源金融市场建设，有利于增加期货持仓形式的能源储备，实现中日韩三国石油储备

方式多元化，更好地保障能源安全。当前，北美和欧洲地区的能源定价都是由金融市场主导的，美国政府纽约商品交易所的 WTI 原油报价以及英国伦敦交易的 Brent 原油报价，就是国际原油交易价格的基础[120]。由于东北亚地区缺乏有影响力的能源金融市场，所以受能源定价影响很小，仍存在能源进口溢价问题。因此，应加强能源金融市场建设与合作，争取建立一个与纽约 WTI 和伦敦 Brent 水平相当的石油期货市场，提升能源定价话语权。

推进东北亚资源金融市场的发展与联合，就有利于充实东北亚资源联合的内涵，从而直接促进东北亚资源联合的进程，也就有利于建立东北亚能源市场。能源实体领域和金融市场联合是能源市场在实物与虚拟化两种层次上的不同表现，东北亚资源金融市场发展与联合将有助于推进东北亚资源实物交易市场的建立：一是，东北亚能源市场的发展必然促进东北亚地区能源金融商品交易额的进一步增加，进而扩大资源物品交换的总量与规模，从而建立更大的、更加活跃的东北亚能源市场。二是，随着能源金融产业实际交割量的增多和市场规模的增大，将需要更加发达的石油运输系统，所以，能源市场的建立和联合将反过来促进东北亚主要能源交通运输管网道和设施的建立与互联互通，从而推动区域能源合作进程[49]。

六、积极推动东北亚国家石油储备合作

在东北亚国家中，中国、日本和韩国三个主要能源消费强国均已构建起了相应的战略油气储备体系。日本石油储备体系已经很完善，据国际能源署（IEA）官网的资料显示，截至 2018 年 5 月，日本的石油储存数量约等于其 186 天的净进口量，其中国家储存了约等于 111 天的进口量，企业储存了约等于 75 天的进口量。而韩国的油气储备系统也已经非常健全，据 IEA 网页资料显示，截至 2018 年 5 月，韩国的石油储存数量相当于 182 天油气净输入的总量，其中国家储存量约为 94 天的进口量，企业储存约为 88 天的进口量。截至 2020 年，我国已经建立了舟山、舟山扩建、兰州、天津、镇海、大连、黄岛、独山子、黄岛洞库等九个国际原油储存场所，总储备库容为 3773 万立方米，石油储备规模约为 90 天的石油净进口量。当前，东北亚国家在石油储备领域的合作难以满足实际需求。虽然东北亚国家曾在建立“联合石油储备体系”

上做过积极的尝试，比如在2009年9月，联合国开发计划署（UNDP）图们江能源委员会就举行了大会，以讨论与中、俄、韩、朝、蒙等国在战略输油储备方面合作的情况。虽然东北亚各国都有加强石油储备合作的意愿，但是由于历史问题、领土问题、能源领域的竞争等问题，东北亚石油储备合作进展缓慢，到目前为止，东北亚地区的石油储备合作也只有日韩之间签订的“石油储备共享协议”。“石油储备”是应对能源供应安全、平抑油价异常波动、保障经济稳定发展的重要方式[121]。因此，东北亚国家必须加强在能源储备领域的合作。

第一，石油储备合作有利于保障中国、日本、韩国三个能源消费大国的能源供应安全。石油储存协议有助于减少能源供应中断危机，在原油供给突然大量下降或中断后，能够通过增加原油储存以保证充足的原油供给。东北亚地区经贸关系紧密，依存度很高，经济风险传导速率很高，对抗能源威胁、维护能源安全成为各方共同面对的挑战，因此，东北亚各国应该加强石油储备建设上的合作，以共同抵御能源风险、保障能源安全。当前，中日韩已经形成了相应的原油存储制度，若三国双方继续加大原油存储合作，将形成规模效应，提高利用原油存储对能源供应稳定的影响。

第二，东北亚地区石油储备合作对保障能源经济安全具有重要意义。一方面，充足的石油储备能够降低能源需求者对石油供应不足产生的恐惧心理，加强在原油储存方面的配合，能够放大平抑能源价格异常变化、维护能源经济安全的效果。另一方面，在出现油价大幅、反常变化之际，通过增加原油储存，能够平抑石油价格。中日韩三个原油进口国家若加强对原油储存方面的协调，将能够增强其控制原油市场定价的功能，有效应对能源价格变动问题[122]。

第三，东北亚原油存储合作也可以确保俄罗斯的能源出口安全。但东北亚的原油存储合作除能源进口国间的协作之外，还指能源输出国与能源进口国之间的原油存储协作。即由能源输出国租用能源进口国的仓储设施存放尚未售出的原油，并支付储存设施所在国租金，而这种共享原油储存将销售到该能源进口国及其邻近的各国，并且，当该能源进口国一旦出现能源供应问题，即可取得或优先购买这些共享原油储存的使用权。这不但有助于能源进口国保证能源供应安全，更将有助于参加合作的能源输出国保护能源出口市场。

此外，强化东北亚天然气储备协议将直接扩大东北亚能源贸易的内涵，由此推动东北亚能源贸易的发展，加深东北亚各方之间的信任，从而促成更广泛的能源协作。

七、深化“一带一路”合作，加快“冰上丝绸之路”建设

“冰上丝绸之路”是具有深远地缘政治经济影响的合作倡议，可在很大程度上改变世界未来的交通、贸易和经济格局。“冰上丝绸之路”是中国“一带一路”倡议的重要组成部分。中国、俄罗斯、蒙古国是“一带一路”倡议的缔约国，日本虽然表面上与“一带一路”倡议保持距离，但是日本积极寻求与中国在第三方市场合作，变相地参与“一带一路”倡议的行动。韩国也谋求其“欧亚战略”与“一带一路”倡议的对接。“冰上丝绸之路”作为一条新的能源通道，其建设符合东北亚各国对能源的需求及经济发展的需要。

“冰上丝绸之路”建设涵盖北极东北航道开发、港口基础设施建设、海陆联运建设、能源资源产业合作等多个领域。俄罗斯西伯利亚地区的鄂毕河、叶尼塞河、勒拿河是自南向北流动的主要大河，沿岸地区的能源资源、森林资源、矿产资源、水资源等非常丰富，是海陆联运、港口基础设施建设、能源资源合作的重要区域。“冰上丝绸之路”倡议的推进，为俄罗斯东西伯利亚和远东地区的开发、发展，提供了重要的历史机遇，也为东北亚各国在能源领域的合作提供了重要的历史机遇。

八、碳达峰、碳中和目标为东北亚能源利益共同体的构建提供新助力

东北亚的中日韩三国均是能源消耗大国和碳排放大国，中日韩能源领域碳排放量将分别占世界碳排放量总额的 30.9%、3.2% 和 1.8%，从世界一次的能源构成比例来看（见表 6－1），中日韩三国化石燃料在世界一次能源消费中的占比都达到了 80% 以上，但是，我国在一次能源消费中还是以煤为主，而日本和韩国则以石油为主，这也是中国绝对碳排放量远远高于日本和韩国的原因。综合而言，在碳中和背景之下，中日韩联合积极应对高碳化石燃料的减量替代、大力推动非化石燃料尤其是最关键清洁燃料发展的实际需要，能源变革

的共性需求为中日韩加强能源协同发展迎来了崭新的契机。

表 6－1　　2020 年中国、日本、韩国能源消费结构表　　（单位：%）

国家	石油	天然气	煤炭	核能	水电	其他可再生能源
中国	19.59	8.18	56.36	2.24	8.07	5.36
日本	38.13	22.07	26.86	2.24	4.04	6.65
韩国	41.59	17.30	25.69	12.07	0.29	3.04

2020 年 9 月，在中国同时发布碳达峰、碳中和计划之时，日本和韩国也先后公布了将在 2050 年达到碳中和目标的具体计划。此后，中国、日本、韩国也分别根据世界各国所提出的碳排放量任务，积极提出了战略路线图。中国国家发展和改革委员会将积极推动中国碳达峰、碳中和的顶层研究，积极探索不同产业各个领域碳达峰、碳中和政策措施，逐步建立我国碳达峰、碳中和“1＋N”的战略框架。日本经济产业省在 2020 年 12 月出台了《绿色增长战略》，围绕着在 2050 年达到低碳中和目标、建设“零碳社会”，提出了十四个行业的绿色生态经济发展道路图，并明确强调要加大国际合作，共同助力推动日本国绿色生态经济发展。2021 年 6 月，日本经济产业省又将《绿色增长战略》变更为《2050 碳中和绿色增长战略》。新规划主要将海洋风能领域扩大到海洋风电、太阳能和地热领域，将氨能源领域与氢能行业整合，还加入了新一代太阳能领域。新政策表明，日本将着力推进石油及其他工业部门的结构改造，采取调整计划、税费优惠、实施管理制度、建立技术标准、建立金融机构、参与全球协调等手段，助力达成碳共和目标。韩国的“2050 碳中和委员会”于 2021 年 8 月发布了《韩国 2050 年碳中和实施方案（草案）》，推出了“碳中和 3＋1 战略”，即“经济结构低碳化、构建新兴低碳产业生态圈、建成公平公正的低碳社会”三大举措，外加“强化碳中和的制度基础”。中国、日本、韩国均已经承担了相应的碳中和任务，需要传统燃料向新能源转化提供有力的保障，同时还需各国间高层次的能源领域的协作进行助力。

目前，日本和韩国都已经开始提出氢能发展战略，在国家战略层次上高度重视研究和开发氢能。2017 年年底，日本政府出台了《氢能基础发展战略》，明确提出率先在全世界达到“氢社会发展”总体目标，到 2030 年依靠国内外可再生能源制氢工艺技术，建立国外氢能供应链，更长远的目标是运用碳捕捉

（CCS）工艺技术促进平价化石燃料（如褐煤）的脱碳制氢与可再生能源制氢紧密结合，将氢能社会发展成为日本政府实施低碳减排策略的途径。2019年，韩国同时出台了《氢能经济发展路线图》，在生产氢、氢气储存与输送、氢动力汽车与船建造、氢能发电等几个层面上协同发力，通过发展氢能经济，降低碳排放量和细颗粒物污染，并帮助实现能源多样化发展，将韩国打造成全球最高水准的氢能发展领先大国。我国目前也在一些政策法规和计划中开始明确部署和扶持氢能行业发展，部分地区省市都已实施了氢能战略规划。民营企业也开始积极布局氢能行业，而我国氢能整个产业链呈现出了高速发展的态势。中日韩在氢能发展方面各具特色和优势互补，并具有互惠协作的条件。日本的氢能科技研究能力强大，在氢能技术方面有相当庞大的研究队伍，同时日本在氢能领域已经累积了大量的实践经验。韩国目前正大力发展工业副产氢气、利用高效电解液制氢技术，并开展了储氢材料国际贸易。目前，我国已成为世界上最大的氢气生产国，而随着可再生能源制氢、贮氢和用氢气的生产成本逐步下降，再加上化石资源制氢技术＋碳捕获与储存技术（CCS）的综合运用，不论是在氢能供给或是氢能使用等领域，我国都将拥有巨大的应用空间。除氢能在科技领域的合作之外，中日韩在氢能贸易等方面也有着巨大的合作空间[123]。总体上，在碳中和背景下，中国、日本、韩国都对发展氢能产业积极乐观，为中日韩三国在氢能领域加强互补性协作合作提供了新契机。而面对着碳中和政策，中日韩大力推动洁净能源与可再生洁净燃料领域的协作已具备了实际可能性，在风电、太阳能、潮汐发电、生物质发电、氢能等领域也存在着巨大的合作空间和发展前景。

第五节　东北亚能源合作的前景

目前，东北亚区域已经积累不少国际能源协作的丰硕成果，区域内资源交易较为活跃，在能源领域的资金投入量较大，石油运输管线系统已经建设了起来，区域内的国际通信与交流平台也较为充足，在资源技术领域的国际协作有了重大增长。不过东北亚地区资源的国际协作能力还是面临着不少问题，例如，在资源协作方面主要还是以资源交易与资金协作为主，缺少多方协商制度的约束与保证，以及能源资源协作理论体系匮乏等问题，导致东北亚区域的资源协作水准较欧盟、北美等区域国家的能源水准低得多。能源合作协作程度不但能够减少区域各方之间在地理、历史文化等问题上的利益冲突，而且还可以减少区域国家之间由于国力建设不平衡而产生的不安全性。各方间的互相依赖性加强、政策联系减弱、对外联系的加强，将促进自然资源协作。虽然东北亚区域的政治经济情况错综复杂，但是东北亚区域各方由于受到了共同的能源安全威胁，并意识到了能源合作联盟所产生的巨大经济效益，在未来一段时间里，东北亚区域的能源联盟还将进一步加强和扩大。当前，全球政治经济的新环境给东北亚能源合作提供了崭新的机会。所以，东北亚地区各方都有必要在新的形势下抓住新机遇，积极探索东北亚地区能源合作的新途径，努力冲破东北亚地区能源合作的阻碍与瓶颈，为东北亚地区能源合作的理论体系构建与合作进程的实践作出积极贡献。

为共同应对生态环境问题及气候变化问题，实现碳中和的目标，需要各国加强能源领域的合作。科学技术提高对于保护环境、降低由于温室效应所产生的气候变化有着决定性意义。通过在洁净能源与能源技术方面的交流，使能源环境保护成为东北亚未来能源区域协作的关键方面。对洁净能源和可再生能源技术的开发与应用，在新能源技术的研究开发与项目建设中的经验交换和互动是其重要切入点，对东北亚地区新能源发展共同体的建立，具有较强的促进作用。通过在共同受益的新型能源技术政策与战略层面上的合作交流，地区各国都能够跨越国界，在实现地区全球化中的相互联通和整合方面，绕开政策原因、战略考虑，从具体而微的经济贸易事项入手，向更进一步的地区经济全球化发展方向推进。

东北亚能力协作的目标是构建东北亚资源利益共同体，从而成为逐步构建东北亚地区经济统一的重要基石。按照发展经验，能源共同体的形成将是区域一体化进程中的关键成果，而随着区域一体化进程的进一步加快，将对地区间能力协作有着更积极的促进意义。但鉴于东北亚地区复杂多变的地缘政治局势，无法寄希望于在短期内达到东北亚地区统一的总体目标，而随着遭遇同样能源合作困难的中日韩等各国对能源协作理解的进一步深化，东北亚地区各国也将在能源协作领域冲破重重障碍，发展出一种更加有利于东北亚地区各国的协作模式，从而进一步促进东北亚地区经济一体化建设的更深入发展。

参考文献

[1] 范必，徐以升，张萌，等．世界能源新格局：美国“能源独立”的冲击及中国应对［M］．北京：中国经济出版社，2014.

[2] 余建华．世界能源政治与中国国际能源合作［M］．长春：长春出版社，2011.

[3] 刘立涛，沈镭，高天明，刘晓洁．中国能源安全评价及时空演进特征［J］．地理学报，2012，67（12）：1634－1644.

[4] 杜慧中．国际能源格局重塑过程中的大国博弈和权力再分配［D］．华东师范大学，2016.

[5] 杜德斌，范斐，马亚华．南海主权争端的战略态势及中国的应对方略［J］．世界地理研究，2012，21（2）：1－17.

[6] 孙伟．“一带一路”倡议促进国际能源合作［J］．中国能源，2016，38（2）：25－28.

[7] 伍福佐．能源消费国家间的能源国际合作：一种博弈的分析［D］．复旦大学，2007.

[8] 刘祖明．“一带一路”背景下中印两国共同利益的认同分析［J］．东南亚南亚研究，2015（2）：18－25＋108.

[9] 胡文平．国际能源格局中的大国政治［J］．青海社会科学，2007（6）：22－24＋132.

[10] 曹德军．国家间信任研究的路径比较：从博弈论到社会网络分析［J］．太平洋学报，2010，18（9）：38－50.

[11] 潜旭明．美国能源霸权探析——基于能源地缘政治学的视角［J］．江南社会学院学报，2013，15（1）：1－6.

[12] 任娜，孙暖．地缘政治视角下的能源安全——以美国全球能源安全战略为例［J］．世界经济与政治论坛，2007（2）：84－89.

[13] Willrich M. Energy & world politics [M]. Simon and Schuster, 1978.

[14] Correljé A, van der Linde C. Energy supply security and geopolitics: A European perspective [J]. Energy Policy, 2006, 34 (5): 532 – 543.

[15] Asif M, Muneer T. Energy supply, its demand and security issues for developed and emerging economies [J]. Renewable and Sustainable Energy Reviews, 2007, 11 (7): 1388 – 1413.

[16] Costantini V, Gracceva F, Markandya A, et al. Security of energy supply: Comparing scenarios from a European perspective [J]. Energy Policy, 2007, 35 (1): 210 – 226.

[17] Sovacool B K. Evaluating energy security in the Asia pacific: Towards a more comprehensive approach [J]. Energy Policy, 2011, 39 (11): 7472 – 7479.

[18] Kendell J M. Measures of oil import dependence [C]. International Association for Energy Economics, 1997.

[19] Hirschhausen C V, Neumann A. Security of 'gas' supply: Conceptual issues, contractual arrangements, and the current EU situation [C]. 2003.

[20] 刘立涛，沈镭，刘晓洁. 能源安全研究的理论与方法及其主要进展 [J]. 地理科学进展，2012，31 (4): 403 – 411.

[21] Vivoda V. Evaluating energy security in the Asia – Pacific region: A novel methodological approach [J]. Energy Policy, 2010, 38 (9): 5258 – 5263.

[22] 朱雄关. "一带一路"背景下中国与沿线国家能源合作问题研究 [D]. 云南大学，2016.

[23] Jiang W. China and India come to Latin America for energy [J]. Significant Issues Series – Center for Strategic and International Studies, 2007, 29 (2): 476.

[24] Fengying C, Jiejun N. Asian energy security: The role of China and India [J]. Strategic Analysis, 2008, 32 (1): 41 – 55.

[25] Jain V. China and India in energy sphere: A comparative overview, challenges and scope for cooperation [J]. Millennial Asia, 2014, 5 (2): 219 – 237.

[26] Siddiqi T. China and India: More cooperation than competition in energy and climate change [J]. Journal of International Affairs, 2011: 73 – 90.

[27] Zhao H. China and India: The quest for energy resources in the 21st century [M]. Routledge, 2013.

[28] Bambawale M J, Sovacool B K. China's energy security: The perspective of energy users [J]. Applied energy, 2011, 88 (5): 1949 – 1956.

[29] Khurana C G S. China – India maritime rivalry [J]. Indian Defence Review, 2009, 23 (4): 1 – 8.

[30] Zhao S. China's global search for energy security: Cooperation and competition in Asia – Pacific [J]. Journal of Contemporary China, 2008, 17 (55): 207 – 227.

[31] Goldstein A E. The rise of China and India: What's in it for Africa? [M]. Paris: Development Centre of the Organisation for Economic Co – operation and Development, 2006. 151.

[32] Singh B K. Energy security and India – China cooperation [J]. International Association for Energy Economicss, 2010: 17 – 19.

[33] Leung G C K. China's energy security: Perception and reality [J]. Energy Policy, 2011, 39 (3): 1330 – 1337.

[34] Zhang Z. China's energy security, the Malacca dilemma and responses [J]. Energy Policy, 2011, 39 (12): 7612 – 7615.

[35] 王双. 东北亚地区能源合作：问题、挑战及前景 [D]. 上海社会科学院，2012.

[36] 叶蓁蓁. 国际能源合作模式与中国的战略选择 [D]. 外交学院，2005.

[37] 张瑞君，J. P. 多里安，顾京文. 东北亚的能源合作与发展 [J]. 国际石油经济，1995 (4)：21 – 26.

[38] B Gavin, S Lee. Regional energy cooperation in North East Asia: Lessons from the European experience [J]. Asia Europe Journal, 2007, 5 (3): 401 – 415.

[39] 李玉潭，陈志恒. 中日能源：从竞争走向合作——东北亚能源共同体探讨 [J]. 东北亚论坛，2004 (6)：3 – 7.

[40] Youngmin Yoon. The energy partnership between Russia and the countries of Northeast Asia [J]. European Researcher, Series A, 2016, 103 (2): 69 – 86.

[41] 金成珍. 东北亚能源合作的期待效果与中国的作用 [J]. 国际经济

评论，2005（6）：39－44.

［42］徐向梅．东北亚能源安全形势与多边能源合作［J］．国际石油经济，2004（10）：25－29＋71－72.

［43］唐彦林．国际政治背景下东北亚多边能源合作机制的构建［J］．西伯利亚研究，2006（4）：46－51；Kwonsung Kim. The status and perspective of energy cooperation in Northeast Asia［D］．Duke University，2011.

［44］衣保中，王浩．区域合作系统演化与东北亚能源合作［J］．东北亚论坛，2009，18（6）：51－55.

［45］吴昊，崔宇飞．全球能源格局调整与东北亚能源合作［J］．东北亚论坛，2017，26（4）：17－27＋127.

［46］杨旭涛，唐彦林．国际机制理论与东北亚能源外交［J］．东北亚论坛，2008（5）：19－24.

［47］Jae－Young Lee，Alexey Novitskiy. Russia's energy policy and its impacts on Northeast Asian energy security［J］．International Area Studies Review，2010，13（1）：41－61.

［48］张慧智，张健．新形势下东北亚能源合作的路径：延伸与拓展［J］．亚太经济，2019（1）：14－21.

［49］张健．东北亚能源合作的路径研究［D］．吉林大学，2019.

［50］刘瑞．日本石油期货市场发展困境及其启示［J］．国际石油经济，2015，23（8）：75－81.

［51］李冰．"双碳"目标下东北亚能源合作机制的机遇与挑战［J］．东北亚学刊，2022（3）：21－37＋146.

［52］孔祥永，李莉文．世界能源新格局与中国之对策选择［J］．东北亚论坛，2015，24（5）：47－57＋127.

［53］BP世界能源统计年鉴.

［54］https：//news. 12371. cn/2013/03/03/ARTI1362269262342253. shtml.

［55］王绍媛，刘莎莎，张晓磊．非常规能源技术进步视角下东北亚能源合作新机遇［J］．东北农业大学学报（社会科学版），2013，11（3）：13－17.

［56］俄罗斯2030年的能源战略纲领［EB/OL］．［2009－11－13］http：//www. minprom. gov. ru.

[57] 刁秀华，周铁赢．俄罗斯与东北亚地区的能源合作［J］．东北亚论坛，2006（4）：63－67.

[58] C. 日兹宁，温刚．俄罗斯在东北亚地区的对外能源合作［J］．俄罗斯研究，2010（3）：71－79.

[59] Alexander N. Gulkov Basic. "Concepts of cooperation in North－East Asia in the oil and gas sector for the period 2010－2030"［J］. in Korea Energy Economic Institute（KEEI），Northeast Asia Energy Focus，Vol. 7 No. 1，Spring 2010，p. 14.

[60] 国际能源署．世界能源展望 2007［R］．2007：26.

[61] BP statistical review of world energy June 2011［R］．p. 2.

[62] Warwick J. Mckibbin. "Growth，energy use and greenhouse gas emission in China"［R］．Asia Pacific Economic Papers，No. 369，2008：86.

[63] Jiang Ke Jun and Hu Xiu Lian. Scenarios for Chinese energy demand and supply to 2020：National planning and building［R］．Asia Pacific Economic Papers，No. 369，2008：64.

[64] International Energy Agency. World Energy Outlook 2010［R］．p. 86.

[65] International Energy Agency. World Energy Outlook 2010［R］，p. 98.

[66] 王冰．日本的资源进口战略［J］．中国外资，2005（8）：24－26.

[67] 尹晓亮．日本构筑能源安全的政策选择及其取向［J］．现代日本经济，2008（2）：20－25.

[68] 柳晶．韩国能源消费与经济增长关系的实证分析［D］．延边大学，2012.

[69] 张慧智．韩国海外能源资源开发战略研究［J］．当代经济研究，2009（12）：50－54.

[70] 张和纬．黄河上游的水能资源［J］．地球，2001（6）：15－16.

[71] 朴钟锦．韩国政治经济与外交［M］．北京：知识产权出版社：2013.

[72] 洪元杓．韩国赶超战略回顾：经济增长与技术创新［J］．经济论坛，2018（7）：19－23.

[73] https：//www. nbd. com. cn/articles/2012－06－27/663197. h.

[74] 枢原．蒙古人民共和国［M］．北京：世界知识出版社，1961.

[75] 朝鲜民主主义人民共和国社会主义宪法［M］．平壤：朝鲜外文出

版社，2017.

[76] 矫克华．儒学与东北亚国家建筑景观研究［J］．中国人口·资源与环境，2018，28（S1）：227－232.

[77] 祁进玉．东北亚“文化经济共同体”的构想、路径与展望［J］．世界民族，2012（3）：73－83.

[78] Yin－Wong Cheung and Kar－Yiu Wong. China and Asia：Economic and financial interations［M］．Routledge Taylor&Fracis Group，London and New York，2009，p. 24.

[79] C. Busakorn，K. C. Fung，H. Iizaka，and A. Siu，“The giant sucking sound：Is China diverting foreign direct investment from other Asian countries?”［J］．Asian Economic Papers，Fall 2004，Vol. 3，No. 3，pp. 122－140.

[80] Athukorala. “The rise of China and East Asian export performance：Is the crowding－out fear warranted?”［Z］．Australia National University：Trade and Development Discussion Paper，July2007；M. G. Plummer，and D. Cheong. “FDI effects of ASEAN integration”［Z］．Paper presented at “Is Free Trade Optimal in the 21st Century?”，Brandeis University，Waltham，June 15，2007.

[81] Masahiro Kawai，Ganeshan Wignaraja. “Asian FTAs：Trends and challenges”［R］．ADBI Working Paper，No. 144，August 2009，p. 25.

[82] 具体数据与趋势可参见亚洲开发银行亚洲区域融合中心（ARIC）．http：//aric. adb. org/ftatrends. php.

[83] 池元吉，田中景．建设“中日韩经济合作体”的必要性及建议［J］．世界经济与政治，2000（10）：33－37.

[84] 林硕．东北亚区域经济合作的前景与阻力［J］．东北亚经济研究，2018，2（1）：34－45.

[85] 王丹，张浩．北极通航对中国北方港口的影响及其应对策略研究［J］．中国软科学，2014（3）：16－31.

[86] 王杰，范文博．基于中欧航线的北极航道经济性分析［J］．太平洋学报，2011，19（4）：72－77.

[87] 姚锦祥．2018年以来日本对朝政策变动与外交自主性［J］．当代韩国，2018（2）：38－47.

[88] 刘锋. 朝鲜半岛局势转圜下的东北亚区域经济合作 [J]. 东北亚经济研究, 2019, 3 (6): 52-61.

[89] 肖蔷. 中俄油气领域合作现状 [N]. 中国能源报, 2010-11-08.

[90] 田兰蓝. 东北亚国家能源安全评价与能源合作 [D]. 福建师范大学, 2018.

[91] 西罗. 一带一路背景下中俄能源合作问题研究 [D]. 吉林外国语大学, 2021.

[92] 王海建. 中日能源关系研究 [D]. 华东师范大学, 2008.

[93] 章文. 中国石油在日本石油公司大阪炼油厂中持股 [J]. 石油炼制与化工, 2008, 39 (7): 58.

[94] 朴光姬, 李芳. "一带一路" 建设与中蒙俄能源合作——基于地区安全视角 [J]. 亚太经济, 2016 (5): 3-9.

[95] 李雪威. 朝鲜能源危机及俄朝能源合作 [J]. 俄罗斯中亚东欧市场, 2008 (6): 34-40.

[96] 沈亦豪. 俄罗斯东向能源发展战略的国际合作评估 [D]. 上海社会科学院, 2020.

[97] 梁懿贞. "冰上丝绸之路" 框架下的中俄能源合作分析 [D]. 山东大学, 2020.

[98] 魏修柏. 公共外交视野下的中蒙能源合作——以塔本陶勒盖煤矿开发为例 [J]. 公共外交季刊, 2016 (4): 124-129+149-150.

[99] 杨昆. 积极构建东北亚电力互联互通多级合作机制 [J]. 中国电力企业管理, 2016 (31): 16-19.

[100] 李昕蕾. 清洁能源外交: 全球态势与中国路径 [M]. 北京: 中国社会科学出版社, 2020.

[101] 朴松美. 韩国可再生能源支持政策研究 [D]. 吉林大学, 2017.

[102] 唐佳. 俄罗斯电力市场与可再生能源发电政策研究 [J]. 中外能源, 2019 (7): 20-32.

[103] 孟祥成真. 东北亚地区清洁电力合作问题研究 [D]. 山东大学, 2021.

[104] https: //www. iea. org/.

［105］曹宁．“一带一盟”背景下中俄新能源合作的路径研究［D］．上海师范大学，2019．

［106］https：//www. askci. com/news/chanye/20220923/0851441987295. shtml.

［107］郑月．区域一体化背景下中日韩能源合作研究［D］．东北师范大学，2021．

［108］https：//www. sohu. com/a/580991146_ 120578424.

［109］王倩，宋涛，梁宜，邹嘉龄．东盟与大国贸易联系及其影响因素［J］．热带地理，2017，37（6）：852－861．

［110］李鹏．中国能源安全与中俄能源合作［J］．现代交际，2019（10）：219－220＋218．

［111］龚敏．我国石油对外贸易发展策略研究［D］．东北财经大学，2012．

［112］冯玉军，丁晓星，李东．2020年前俄罗斯能源战略（上）［J］．国际石油经济，2003（09）：38－42．

［113］冯玉军，丁晓星，李东．2020年前俄罗斯能源战略（下）［J］．国际石油经济，2003（10）：24－28．

［114］P. A. Minakir. Economic cooperation between the Russian Far East and Asia－Pacific countries chapter 2［M］．Russia and the Russian Far East in Economies of the APR and NEA，2007．

［115］陈志恒．东北亚区域经济一体化研究——以交易费用理论为视角［M］．吉林：吉林人民出版社，2006，167．

［116］Hyun Jin Choi. Fueling crisis or cooperation? The geopolitics of energy securityin Northeast Asia［J］．Asian Affairs，2009，4．

［117］熊琛然，王礼茂，张超，屈秋实，向宁．俄罗斯与中日两国能源地缘经济合作关系评价［J］．资源科学，2019，41（9）：1665－1674．

［118］谢传传．构建中俄能源命运共同体研究［D］．湖南师范大学，2020．

［119］于午丁，尹奎杰，李若曦．东北亚气候变化治理中的法律路径探析——以清洁能源合作为视角［J］．东疆学刊，2019，36（1）：104－109．

［120］徐海燕，鲍建军．后金融危机时期油价走势与东北亚能源战略合作［J］．复旦学报（社会科学版），2011（3）：81－87．

[121] 尹晓亮．经验与教训：日本石油储备战略的再认识 [J]．现代日本经济，2016 (1)：22－31.

[122] 刘先云．中日韩能源合作应从何处着手 [J]．人民论坛，2016 (7上)：96－98.

[123] 蒋钦云．碳中和背景下中日韩能源合作战略思考 [J]．中国能源，2021 (9)：74－79.